Heide & Erich Wilts

Sternstunden auf allen Ozeanen

Heide & Erich Wilts

STERNSTUNDEN AUF ALLEN OZEANEN

Delius Klasing Verlag

Widmung und Dank

Für unsere Freunde und Mitsegler,
die so viel Anteil haben an unseren Sternstunden.

Wir danken allen, die zum Gelingen dieses Buches beigetragen haben. Ein ganz besonderer Dank gilt unserem Freund Albert Strobl.

Die Deutsche Bibliothek - CIP-Einheitsaufnahme

Sternstunden auf allen Ozeanen / Heide & Erich Wilts. -
Bielefeld : Delius Klasing, 1994
ISBN 3-7688-0863-7
NE: Wilts, Heide; Wilts, Erich

Ausrüstung: Alle Fotos wurden mit MINOLTA Dynax 9 XI und X-700 sowie mit Minolta-Originalobjektiven aufgenommen.

Text: Dr. Heide Wilts
Fotos: Erich Wilts
Layout und Karten: Ekkehard Schonart
Für die Überlassung von Fotos gilt unser Dank:
Dr. Heiner Borgmann (S. 134), Thomas Euting (S. 128 oben), Arno Scheffler (S. 89), Albert Strobl (Schutzumschlag hinten), Uli Zeller (S. 26 oben, S. 29 unten)
Druck: Editoriale Libraria/Zenardi, Triest
Printed in Italy 1994

Inhalt

Vorwort

Wenn die Zeit kommt, in der man könnte, ist die Zeit vorbei, in der man kann, schrieb eine deutsche Dichterin. „Das soll uns nicht passieren!“ beschlossen Erich und ich. Wir wollten in Zukunft überwiegend vom und fürs Hochseesegeln leben, extreme Breiten besuchen und sogar in der Antarktis überwintern. Dafür änderten wir unser Leben, gaben Zuhause und Berufe auf und überwanden viele Widerstände. Leicht war es nicht, im Gegenteil: Noch heute wundern wir uns, wie wir das alles geschafft haben.

Inzwischen segeln wir seit über zwei Jahrzehnten. Am Anfang unserer Ehe fragte ich Erich, was er sich am meisten von mir wünsche. „Daß du mir nicht die Freude am Hochseesegeln nimmst“, antwortete er. Der künftige Diplomkaufmann hatte Hamburg als Studienort gewählt, weil er dort der Nordsee nahe war und segeln konnte. Ich war als Stuttgarterin eine „Landratte“, aber im Sternzeichen des Wassermanns geboren. Der Wassermann muß auch seine Hand im Spiel gehabt haben, als ich nach meinem Medizinstudium Erich kennenlernte und mit ihm als junge Ärztin an die Nordseeküste zog.

Von der Jolle dienten wir uns segelnd über kleinere Yachten bis zu unserer jetzigen FREYDIS hoch, einer 15 m langen Stahlsloop vom Typ Hydra, mit aufholbarem Kiel und modifiziert für die Extremreisen, die wir planten. Der Name FREYDIS stammt aus der Wikingersaga. Freydis war die Tochter Eriks des Roten, des Grönland-Entdeckers, und die erste Frau, die als Haupt einer Expedition den Atlantik überquerte. Mit unserer „Wikingerfrau“ unternahmen wir lange, abenteuerliche Reisen in den hohen Norden und in den tiefen Süden – unsere „Eistörns“, wie wir sie nannten, weil das Eis die Höhepunkte unserer Reise charakterisierte: die ungebändigte Natur, die uns bedrohte, aber auch die großartige Schönheit, die wir genießen durften. Wir besuchten mit der FREYDIS mehrmals Spitzbergen, Island, Grönland und Neufundland, umrundeten Kap Hoorn so oft, daß wir es nicht mehr zählen können, umsegelten ganz Südamerika, überquerten viermal die Drakestraße und überwinterten schließlich als Schiffbrüchige in der Antarktis. Und dazwischen immer wieder lange, herrliche Ozeanpassagen, auch in den Tropen ... Sie bewältigten wir oft nur zu zweit, während wir in den extremen Breiten meist mit wechselnden Crews segelten.

Was wollen wir damit beweisen? Gewiß ist das Segeln in den hohen Breiten gefährlicher als die sogenannte Barfußroute und birgt viele Risiken. Aber wenn wir ein Abenteuer angehen, haben wir unsere Angst im Griff. Wir sind sicher, die drohenden Gefahren dank langer Erfahrung und gründlicher Vorbereitung meistern zu können. Wir schaffen uns eigene Gewißheiten im Ungewissen, so daß wir das Unvorhersehbare fast nur noch als zusätzliche Herausforderung empfinden. Das macht unser Leben erst spannend und reizvoll, denn das Abenteuer ist ein Grundbedürfnis des Menschen, der seine Grenzen ausloten will.

So nehmen wir ein erhöhtes, aber wohlkalkuliertes Risiko in Kauf, um zu beweisen, daß unsere Welt noch voller Wunder steckt und daß es sich lohnt, sorgfältig mit ihr umzugehen.

Sommer 1994 — Heide Wilts

FREYDIS aus der Vogelperspektive: Rauschefahrt unter 250 Quadratmeter Spinnaker (gegenüberliegende Seite)

TEIL I

Zauber des Nordens

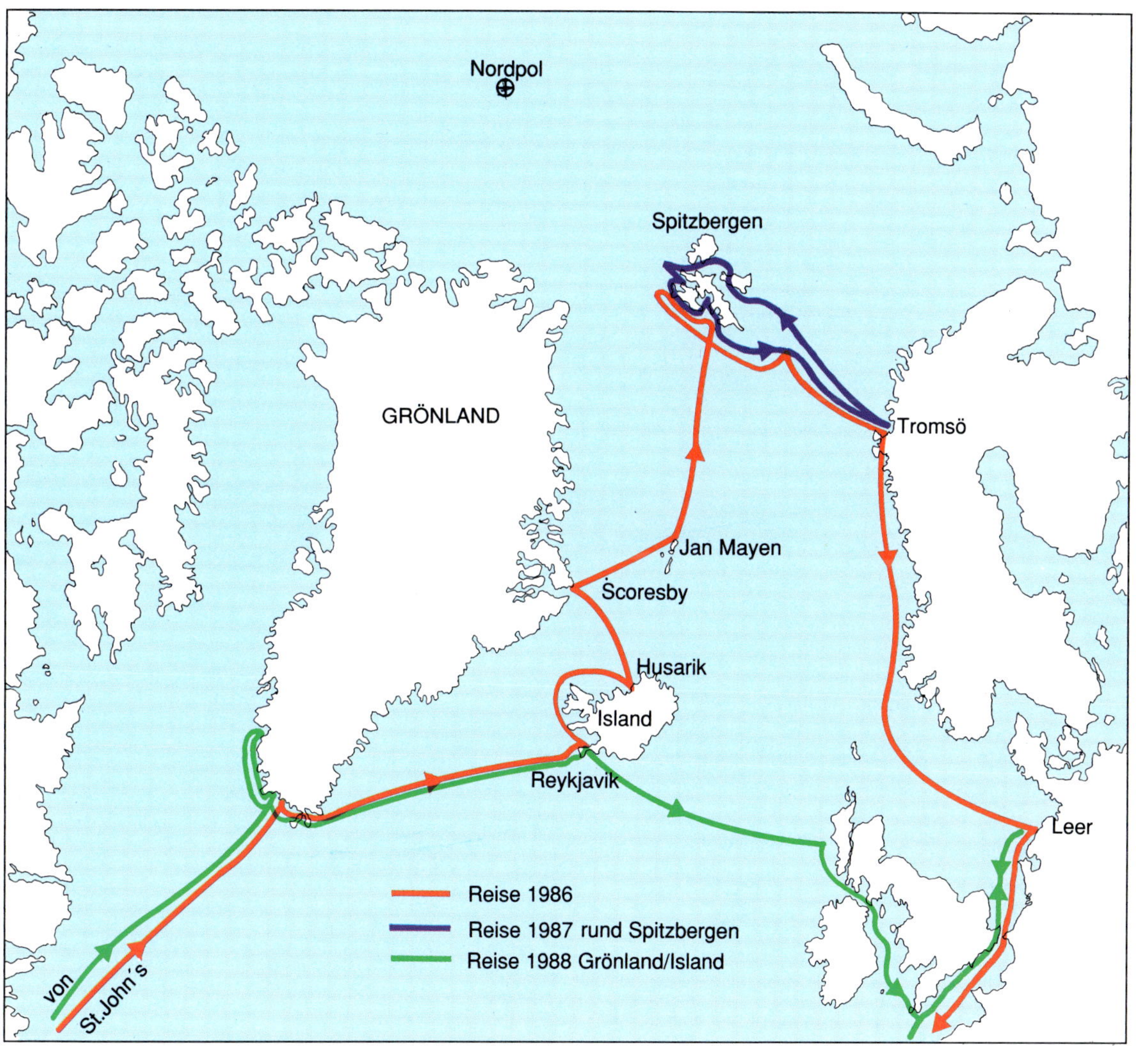

Im Magdalenenfjord, Spitzbergen. Wir suchen einen Ankerplatz, der Schutz vor hartem Gletschereis bietet (gegenüberliegende Seite).

1
Nansens Zeltplatz in Grönland

Wir fliegen eine schwindelerregende Kurve um gletscherbehängte Berge, ein steiler Anflug, ein sanfter Aufsetzer - und erleichtertes Aufatmen. Schließlich gilt Narssarssuaq als einer der schwierigsten Landeplätze der Welt. Endlich wieder Grönland: saubere, klare Luft, unbegrenzte Weite, Stille, Einsamkeit - und herrlich abenteuerliches Segeln. Wie abenteuerlich es wird, zeigt sich bald. Denn die FREYDIS, die hier auf ihre zweite Grönlandreise wartet, hat Motorprobleme. Ohne Maschine im Treibeis vor dieser wilden Küste? Ein Alptraum! Und vielleicht sogar eine Katastrophe für die vier Überquerer des grönländischen Inlandeises, die wir zum vereinbarten Termin auf Nansens ehemaligem Zeltplatz am Ameralikfjord abholen sollen, tief im weißen Herzen Grönlands.

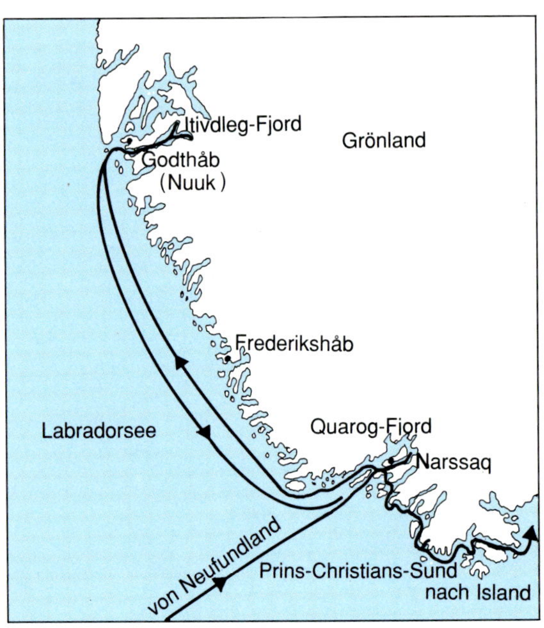

Erich und ein Mitsegler nehmen sich sofort den Dieselmotor vor, doch der Schaden ist mit Bordmitteln nicht zu beheben. Wir brauchen einen Experten, der aber ist in Narssarssuaq nicht aufzutreiben. Mit stark gedrosseltem Motor laufen wir durch den Eriksfjord, vorbei an sanften Hügeln, olivgrünen Tälern, schroffen Felswänden und türkis leuchtenden Eisbergen. An der kleinen Pier von Narssaq geht die Motorreparatur unter Zeitdruck weiter, während ich mit einer Mitseglerin zur Erkundung der 2 500 Einwohner zählenden Inuitsiedlung aufbreche. Im kleinen Museum bewundern wir kunstvolle Perlenstickereien und bei einem Steinsammler Kostbarkeiten aus der Umgebung: blaugrünen Grönlandit, einen fast vier Millionen Jahre alten Schmuckstein, pinkfarbenen Tugtupit, der im Dunkeln verblaßt und in der Sonne errötet, geheimnisvollen Mondstein, Lapislazuli und sogar Rubine. Das Gebiet zwischen Narssaq und Godthab ist berühmt für seinen Reichtum an seltenen Mineralien.

In den kleinen Hafen von Julianehåb in Grönland laufen nicht nur Schiffe ein, sondern auch Eisberge. Die ungebetenen Besucher werden mit Barkassen rasch wieder hinausbugsiert.

Gebirge aus Eis: Auf dem Küstenschelf gestrandete Eiskolosse versperren uns immer wieder den Weg nach Norden (folgende Doppelseite)

Wo Berge segeln

Vollmond, vier Meter Springtide. Mittags legen wir ab und setzen zur Schonung der lädierten Maschine gleich die Segel. Die stille Bucht des Bredefjords, in der wir für die Nacht ankern, ist ein Eisberg-Friedhof. Ein Panoptikum phantastischer Figuren umgibt uns, Überbleibsel der Eisberge, die nach langer Wanderung von der Ostküste um Kap Farewell hier auf Grund gelaufen und endlich zur Ruhe gekommen sind.

Totenruhe herrscht auch im Motorraum der FREYDIS. Also müssen wir einen Experten samt Ersatzteilen einfliegen lassen und deshalb nach Godthåb weiter. Nur unter Segeln kämpfen wir uns diese 300 Meilen nach Norden hinauf, entlang der eisverseuchten, nebelverhangenen Küste. Am Abend bunter Arktiszauber: Zarte Vorhänge aus gelbem und grünem Polarlicht wehen über den dunkelblauen Nachthimmel. Tagsüber umgeben uns auf allen Seiten große und kleine Eismonster: höchste Alarmbereitschaft für die Wache! Wir bekommen Besuch von einer Walschule und von neugierigen Robben. Seeschwalben, Sturmvögel, Raubmöwen und Papageientaucher geleiten uns durch die Einfahrt nach Godthåb hinein. An der Pier wartet schon Jan, unser Maschinenexperte aus Deutschland. Die nächsten zwei Tage steckt er mit Erich im Maschinenraum der FREYDIS. Ich aber frage auf dem Flugplatz, bei Piloten und Funkern nach einem Lebenszeichen unserer Inlandeis-Überquerer. Fehlanzeige. Letzte Chance ist ein Lehrer in Kapisiglit, tief im Innern des Godthåbfjords. Diese kleine Inuitsiedlung ist unser Ausweichtreffpunkt, falls die Freunde Nansens Zeltplatz nicht zum vereinbarten Termin erreichen können. Aber die Telefonleitung nach Kapisiglit ist unterbrochen, und das schlechte Wetter verhindert eine Suche mit dem Helikopter. Also weiter warten, weiter hoffen. Zum Glück funktioniert wenigstens unser Motor wieder.

Als Ablenkung verschaffe ich mir Einblick in das soziale und wirtschaftliche Leben Godthåbs, das einen Bauboom erlebt. Die Regierung im dänischen Mutterland versprach sich durch eine Konzentration der Inuit in den

Anlaufen von Julianehåb im Nebel

wenigen Handelsniederlassungen eine raschere Entwicklung. Dies führte jedoch zur Vernachlässigung der Fangplätze, zum Aufbrechen der Solidargemeinschaften und Großfamilien. Die Folge waren wirtschaftliche Verelendung und Alkoholmißbrauch. Tourismus und Kunsthandwerk können nur wenige Grönländer ernähren.

Endlich hat ein Pilot Funkkontakt mit unseren vier Alpinisten, die bereits im Abstieg sind, aber ihre sperrige Ausrüstung an der Kante des Inlandeises zurücklassen mußten. Sofort laufen wir aus, zu einer gespenstischen Nachtfahrt in den Ameralikfjord. Am Ufer liegen Wikinger-Ruinen. Hier haben Nansen und sein Begleiter vor hundert Jahren ihr Zelt aufgeschlagen, um nach gelungener Erstüberquerung des Inlandeises auszuruhen. Auch unsere Bergsteiger haben hier nach 32 Tagen und 33 Biwaks übernachtet, wie wir aus einer in den Ruinen hinterlassenen Nachricht erfahren. Da ihr Proviant aber nur mehr für zwei bis drei Tage reichte, sind sie weitergegangen und erwarten uns nun in Kapisiglit. Also nichts wie ankerauf und zurück in den Itivdlegfjord. Von dort sind es noch 20 km zu Fuß nach Kapisiglit.

Wir wandern durch eine grandiose Umgebung: Berge mit eisbesetzten Gipfeln, dunkelgrüne Mooswiesen voller Beeren, ein schier undurchdringliches Gestrüpp aus Krüppeleichen, Erlen und Birken; Rentierherden ziehen an uns vorüber, majestätisch kreist ein Seeadler am windzerzausten Wolkenhimmel. Es dunkelt bereits, als wir Kapisiglit erreichen, eine von der Welt abgeschnittene 140-Seelen-Siedlung, nur wenige Kilometer vom Inlandeis entfernt. Vor einem Haus mit hell erleuchteten Fenstern liegen Rucksäcke, die Tür steht einladend offen. Hier muß das Lehrerehepaar wohnen, das unsere Eisheroen beherbergt. Und da sind sie auch schon: in guter Verfas-

Inuitkinder in Kapisiglit, einem Dorf tief im Inneren des Godthåbfjords. Hier wachsen sie noch eng verbunden mit der Natur auf.

Slalomfahrt durch ein Panoptikum gestrandeter Eisberge. Konzentiertes Ausgucken und Rudergehen sind erforderlich.

Freydis, eingerahmt von Eisbergkolossen. Wir fotografieren vom schwankenden Dingi aus (folgende Doppelseite).

Der Helikopter ist da. Unsere Alpinistenfreunde haben ihn angefordert, um ihre auf dem Inlandeis zurückgelassene Ausrüstung zu bergen.

Fisch „satt" in den Fjorden Südgrönlands. Das Angeln ist hier so kinderleicht, als ob die Fische Schlange stünden.

sung, sonnengebräunt und in Hochstimmung. Einen feuchtfröhlichen Abend lang feiern wir ihre enorme Leistung. Bei der Rückkehr nach Godthåb genießt das Quartett die Muße an Bord und angelt sich seine Mahlzeiten selbst: Heilbutt, Rotbars und Dorsch, darunter ein 14 kg schweres Prachtexemplar. Der Navigator der Expedition startet mit dem Heli, um die an der Eiskante zurückgelassene Ausrüstung zu holen: Schlitten, Zelte, Gewehr, Kameras, Filme, Tagebücher. Aber erst nach vielen Tagen wird das Depot gefunden und geräumt. In Godthåb nehmen wir Abschied von unserer Alpinistencrew und segeln wieder nach Süden. Nebelstreifen kleben an den graugrünen Berghängen, tiefe Wolken verhüllen die Gipfel. Die See wird immer gröber und läßt viele Eisgiganten jäh auseinanderbrechen; ihre Trümmer versetzen unserer stählernen Bordwand manchen dumpfen Schlag. Sturmvögel und Seeschwalben treiben Flugakrobatik über den weißen Schaumkämmen.

Abends erreichen wir im Eisbergslalom die Bucht von Julianehåb. Unser Ziel sind die heißen Quellen von Unartoq, Grönlands letztem Ort mit vulkanischer Aktivität. Der runde Naturpool von 20 m Durchmesser ist voll planschender, lachender Inuitkinder, und auch wir haben großen Spaß im 25 Grad warmen, schlammigen Wasser, während draußen die Eisberge vorüberziehen.

Am nächsten Morgen geht es durch den inneren Schärenweg nach Nanortalik, Grönlands südlichster Stadt. Hier nehmen wir Abschied von unserer FREYDIS, die Mitsegler nach Island bringen werden. Aus dem Jet werfen wir einen letzten Blick auf das mächtige, bis zu 3000 m dicke Inlandeis, das sich unsere Alpinisten mit soviel Schweiß erobert haben. Dann sinken die Nunataqs, Grönlands ehrfurchtgebietende Bergkette, langsam hinter den Horizont.

2
Beim König der Arktis

Vorsicht, der Bär greift ohne Warnung an! Halten Sie Abstand. Ein noch 100 m entfernter Bär ist schon ein gefährlicher Bär. Auch wenn man einen angreifenden Bären aus 20 m Entfernung trifft, kann er den Schützen noch töten ... Niemals Bären mit Futter locken oder von Schiffen aus füttern. Niemals Nahrungsmittel in Zeltnähe deponieren.

So warnte uns der Sysselmann in Longyearbyen bei unserem ersten Besuch Spitzbergens. Trotzdem sind wir in diesem Sommer wiedergekommen, um den König der Arktis in seinem eisigen Reich zu erleben. Vom norwegischen Tromsö aus segelten wir mit der FREYDIS nach Norden, um Svalbard, das „Land der kalten Küsten", zu umrunden. Wir sind mit einem schweren Magnum-Revolver bewaffnet und mit einem Karabiner 98, einem sogenannten Bärentöter, obwohl Bären töten das allerletzte wäre, was wir wollen. Die vom Aussterben bedrohten, über weite Strecken wandernden Eisbären wurden 1976 zirkumpolar geschützt und dürfen nur zur Selbstverteidigung geschossen werden.
Schon auf der nebelverhangenen Insel Hopen stoßen wir auf tellergroße Tatzenspuren in Schnee und Morast. In der norwegischen Wetterstation hören wir, daß man gezwungen war, einen ausgehungerten Bären zu erschießen, der in die Station eindrang. Es war ein Zuspätkommer, der die letzten Eisschollen Richtung Norden verpaßt hatte. Obwohl kräftige Eisbären bis zu einem halben Jahr ohne Nahrung überleben können, kommt es auf Spitzbergen immer wieder zu Unfällen mit hungernden Tieren. Im Magdalenenfjord wurde ein zeltender Österreicher von einem Bären getötet, und in Barentsburg konnte sich ein Russe schwer verletzt nur dadurch retten, daß er dem Angreifer die Finger in die Augen stach. So müssen in Spitzbergen jährlich fünf bis zehn Bären geschossen werden, weil sie Menschen bedrohen, obwohl diese sonst nicht auf ihrer Speisekarte stehen.

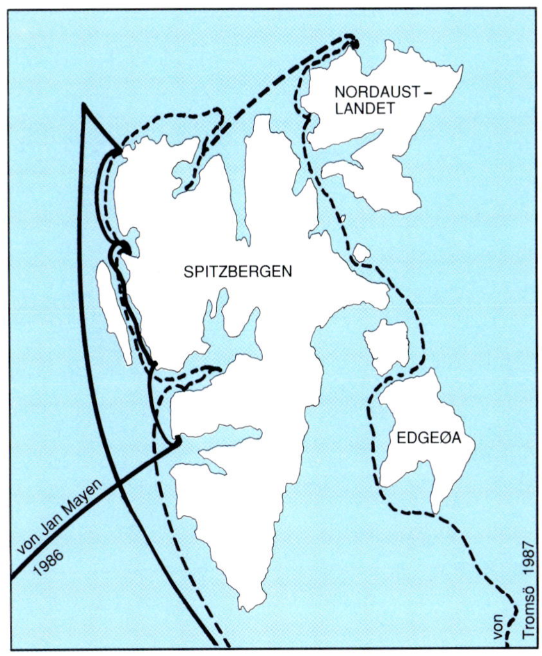

Im Prins-Christian-Sund, Südgrönland (folgende Doppelseite)

Heide am Ruder: In diesen Breiten strengt das Segeln an, und besonders nachts freut sich der Rudergänger auf Ablösung.

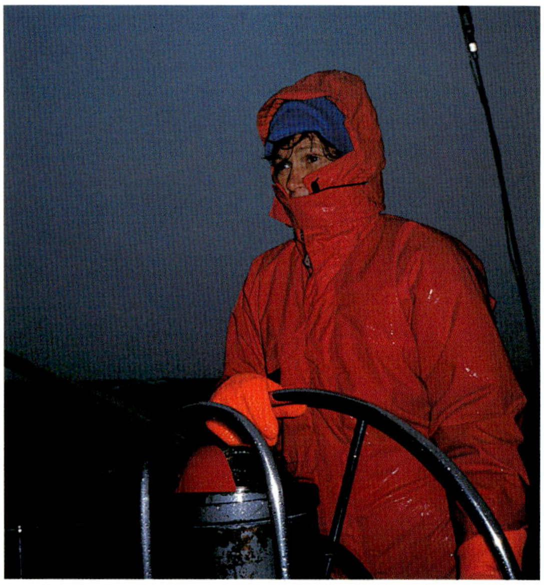

Der Proviantmeister hat einen verantwortungsvollen Job. Für eine lange Reise muß alles an Bord sein.

Die Treibeisfelder werden immer dichter, als wir den Storfjord erreichen, der die Insel Edge von Ostspitzbergen trennt. Hundemüde stehe ich am Ruder und versuche, den gefährlichen Brocken auszuweichen. Aber plötzlich werde ich hellwach: Voraus flattern Möwen über einem Fleck unruhigen Wassers, als hätten sie etwas entdeckt. Und tatsächlich, drei schnauzbärtige Kugelköpfe tummeln sich da prustend und schnaubend, tauchen immer wieder auf und unter. Es sind Walrosse, die in früheren Jahrhunderten als dämonische Seeungeheuer galten; auf uns wirken die drei runzligen Trollgesichter mit den mächtigen Hauern eher gutmütig und lustig. Offenbar sind sie gerade bei einem Picknick auf dem Meeresgrund.
Wo aber bleiben die Eisbären? Wir überqueren den 78. Breitengrad, während an Steuerbord Edges Tafelberge mit ihren Gletscherkappen und an Backbord die spitzen Berge Ostsvalbards vorbeiziehen; Wasserfälle stürzen an den zerfurchten Felswänden senkrecht in die Tiefe. Plötzlich Aufregung an Bord: Wir bekommen Besuch! Aber nicht von Eisbären, sondern von zwei holländischen Biologen, die mit ihrem Schlauchboot an der FREYDIS anlegen. Mir fällt auf, daß die beiden Graubärte keine Waffen tragen. Gibt es hier etwa keine Eisbären?

Rechts: Feuerwasser in Plastikkanistern, eine einfache Methode, Platz zu sparen.

Wintereinbruch. Die Eisschollen wachsen zusammen. Gut, daß die FREYDIS so stark gebaut ist (gegenüberliegende Seite).

Nordische Traumkulisse (folgende Doppelseite)

METZELER
METZELER

Vor Svalbard, dem Land der „kalten Küste“, wie die Norweger Spitzbergen nennen.

Naßkalt erwischt! Unfreiwillige Duschen mit Eiswasser werden bei Arbeiten auf dem Vorschiff gratis mitgeliefert.

Winterlicher Vorbereitungstörn vor der Haustür: Am Silvestermorgen liegt FREYDIS an der Pier im Helgoländer Hafen (gegenüberliegende Seite).

„Doch, eine ganze Menge“, antwortet der Anführer. „Aber wir kommen gut ohne Gewehr zurecht. Wir respektieren die Bären, und sie respektieren uns.“
Später hören wir, daß die beiden Biologen, von einem Bär angefallen, sich schwerverletzt in ihre Hütte retten konnten, wo sie drei Tage lang von ihm belagert wurden.

Schönes, wildes Spitzbergen

Bei strahlender Sonne, die uns schon 72 Stunden lang Tag und Nacht scheint, biegen wir in die Hinlopenstraße ein. Um uns milchig trübes Gletscherwasser und grün schimmernde Eisberge. Von November bis Juni ist die Hinlopenstraße durch Eismassen versperrt, besonders an der Enge im Norden, wo sie sich wie in einem Trichter stauen. Für uns aber besteht keine Gefahr - noch nicht. Alken und Sturmvögel schwimmen auf der glatten See, große Bartenrobben machen ein Nickerchen auf den

Heimaey auf den Westmänner-Inseln. Island ist immer wieder eine eindrucksvolle Station auf unseren Reisen in den Norden.

Ein warmes Vulkanbad auf 80° Nord im Bocksfjord, Spitzbergen

Eisschollen. Es ist Mitternacht, als wir am eisverstopften Wahlenbergfjord vorbeikommen. Die tiefstehende Sonne gießt ihr warmes goldenes Licht auf die kalte weiße Pracht. Da – eine Scholle, die wie ein blutiges Schlachtfeld aussieht! Es sind die Reste einer geschlagenen Robbe, ihr Jäger muß noch ganz in der Nähe sein. Und tatsächlich, da liegt er auf einem kleinen Vorsprung, friedlich schlummernd: ein großer Eisbär mit gelblichem Fell. Unwirsch springt er auf und mustert uns neugierig. Als wir ihm zu dicht auf den Pelz rücken, springt er vernünftigerweise ins Wasser und flieht von Scholle zu Scholle. Bewundernswert, wie geschickt er über das scharfkantige Eis trabt. Wir drehen ab, wollen ihn nicht hetzen. Denn schließlich sind *wir* hier die Eindringlinge.

Prost! Am Packeisrand ist der nördlichste Punkt unserer Reise erreicht.

Riskante Eisbergbesteigung: Unsere Alpinisten können es trotz aller Warnungen nicht lassen (gegenüberliegende Seite).

Eisbären in der Hinlopenstraße. Sie sind zirkumpolar geschützt, weil sie weite Strecken wandern, ohne sich um Staatsgrenzen zu kümmern (folgende Doppelseite).

Der König der Arktis nimmt ein Bad. Im Osten Spitzbergens steht die Wiege der Eisbären.

Der schmale nördliche Ausgang der Hinlopenstraße wird von riesigen Gletschern flankiert. Vor der über 10 sm langen Abbruchkante des Walhallagletschers schweben dichte, weiße Nebelbänke; im fahlen Sonnenlicht wirken das Packeis und die Eisberge am Fuß dieses größten zusammenhängenden Gletschers Svalbards wie eine ferne Mondlandschaft. Wir kommen nur langsam voran, aber das stört uns nicht. Nirgends ist Spitzbergen schöner und wilder als hier, wir wollen es in Muße genießen. Und zur Krönung betritt noch einmal der König der Arktis das weiße Parkett. Majestätisch wandert er über die Schollen, kaum 100 m entfernt, ein größerer Eisbär als der erste, auch kräftiger gebaut. Als wir hinter ihm herfahren, wird klar, daß wir es mit einem gewitzten Veteranen zu tun haben. Er taucht unter großen Eisschollen hindurch und lockt uns immer wieder in Sackgassen, bis wir schließlich in einem undurchdringlichen Irrgarten aus Eis landen. Erhobenen Hauptes sieht er dann zu, wie wir die Verfolgung aufgeben und mühsam durch die Schollen davonkurven.
Er ist Sieger geblieben.

TEIL II

Sonne, Palmen und blaue Lagunen

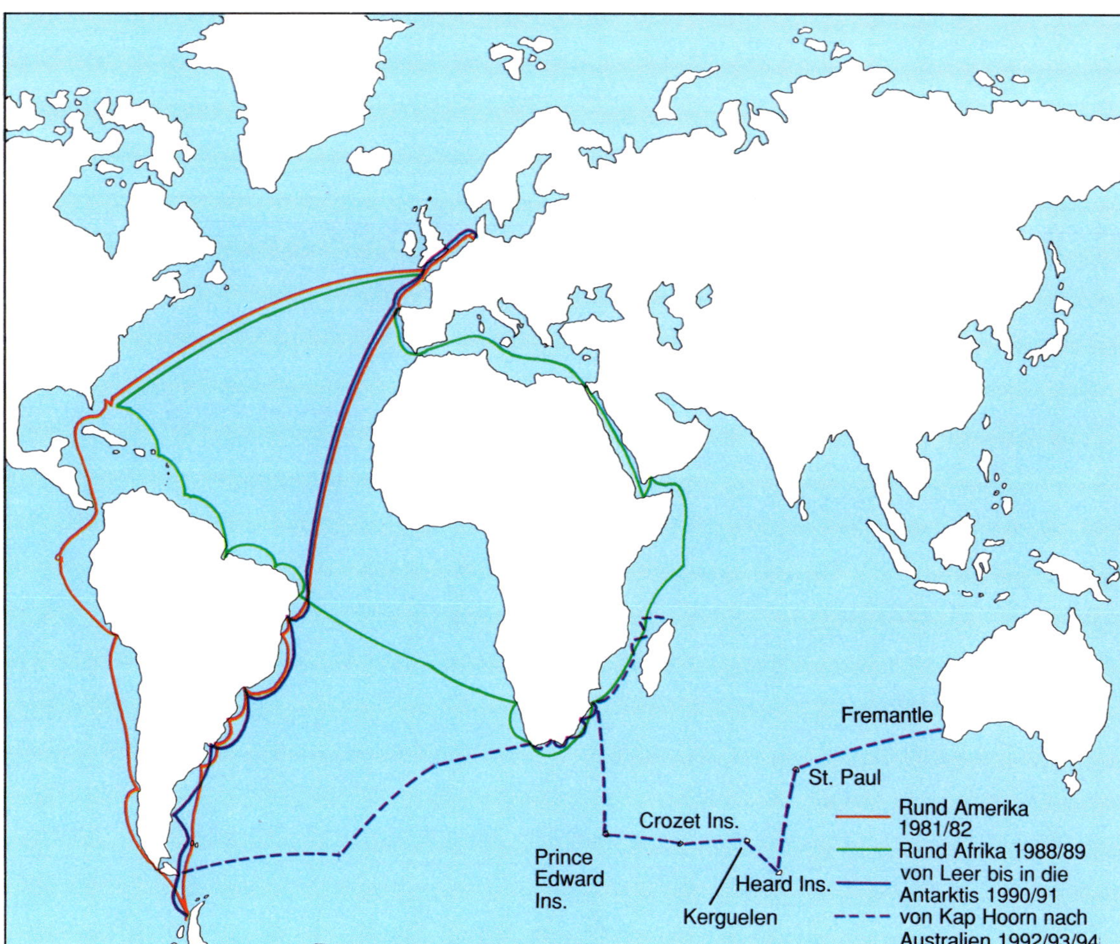

3
Inseln im Korallenkranz

Die feuchtheiße Treibhausluft auf Mahé zwingt uns in die Knie, scheint aber den Pflanzen prächtig zu bekommen. Wie ein einziger großer Paradiesgarten lockt uns die Hauptinsel der Seychellen: mit lila, blau, orange und gelb blühendem Hibiskus, rosa-violetter Bougainvillea, feuerroten Flamboyanten, mit leuchtend grünen Geckos und blauen Kolibris, erschreckt uns aber auch mit übergroßen Fledermäusen und schwarzen Monsterspinnen in feinen Netzen. Ebenso gefährlich ist der Strychninbaum mit seinem tödlichen Gift oder der „Stern von Bethlehem“, dessen Saft zur Erblindung führt; die Säfte der fleischfressenden Kannenpflanze dagegen müssen nur Insekten fürchten. Im üppig wuchernden Tropenwald wachsen unten riesige Farne und wilde Vanille, während oben die dichten Baumkronen um einen Platz an der Sonne kämpfen.

Bei soviel Exotik bleibt unsere Segelyacht in Port Victoria liegen, während wir über die Insel wandern oder, erschöpft von unseren botanischen Exkursionen, am weißen Sandstrand faulenzen und im türkisgrünen Wasser des Indischen Ozeans baden. Doch nicht lange darf FREYDIS ausruhen, dann geht es weiter zu den Nachbarinseln La Digue, wo wir in vom Himmel gefallenen Mangos und Kokosnüssen schwelgen, und nach Praslin mit seiner berühmtesten aller Nüsse, der sagenhaften *Coco de Mer.* Mit bis zu 15 kg Gewicht ist sie die größte Frucht der Erde. Ihre Form, die einem weiblichen Becken ähnelt, regte die Phantasie der Menschen an, die in ihr ein Aphrodisiakum sahen und Mondpreise für sie bezahlten.

Wir segeln weiter zur Insel St. Alphonse, wo wir blaue oder dunkelrote Korallen vom weißen Sandstrand sammeln und baden, solange die Sonne scheint; denn Barrakudas und Haie kommen erst am Abend in die Bucht. Unser eigentliches Ziel ist jedoch das „Galapagos des Indischen Ozeans", Aldabra.

Tropisches Inselidyll auf St. Alphonse im Indischen Ozean (links)

Entdeckungsfahrt durch die Lagune Aldabras, die größte der Erde. Sie beherbergt ein geheimnisvolles Labyrinth aus Mangroven und Korallen.

Wir sammeln Kokosnüsse und ergänzen unseren Schiftsproviant (oben).

Im Hafen von Moroni auf Grande Comore (folgende Doppelseite)

FREYDIS
Freydis

Vulkanbesteigung auf den Komoren

Bei Starkwind von vorn und 36 Grad im Schatten segeln wir zu den Komoren; uns lockt die Hauptinsel Grande Comore mit ihrem Vulkan. In der Hauptstadt Moroni mit ihren weißen Würfelhäusern, ihren Moscheen, Minaretten und Arkaden fühlen wir uns ins arabische Mittelalter versetzt. Viele der orientalisch farbenfroh gekleideten Frauen haben weiße Gesichter - Schönheitsmasken zum Schutz vor der Sonne. Die Kosmetikindustrie blüht auf den Komoren, denn neben Jasmin, Vanille und vielen Gewürzpflanzen gedeiht hier auch die „Blume der Blumen" Ylang-Ylang, deren zartgelbe Blätter den Rohstoff für die teuersten Parfümkreationen bilden.

Ehrfürchtig kreuzen wir durch diese Gewässer, in denen - weltweit exklusiv - ein uralter, vorzeitlicher „Fisch" lebt, der Quastenflosser. Bis in die fünfziger Jahre galt dieses Bindeglied zwischen Meeres- und Landtieren für ausgestorben, und zwar schon seit Jahrmillionen. Jetzt darf pro Jahr nur eines der bis zu 2 m langen und 100 kg schweren Tiere mit Knochengerüst, Lunge und Flossenbeinen geangelt werden; die Universitäten zahlen astronomische Preise dafür.

Der Quastenflosser könnte ein Altersgenosse des Vulkans sein, den wir als Höhepunkt unserer Reise besteigen. Durch dampfenden Urwald zunächst, später durch ein violettes Meer von Heidekraut erklimmen wir mit einem Bergführer den 2360 m hohen Karthala. Nach zehn Stunden Gewaltmarsch stehen wir staunend am Rand des größten Kraters der Erde: einer gigantischen Felsgalerie aus Lavagestein, die in mehreren verschachtelten Riesenlöchern, den Calderas, 300 m tief abfällt. Feine Dampffontänen entweichen dem schwarzen Schlund, und gelegentlich ist ein leises Grummeln aus dem träumenden Erdinneren zu hören. Wie an allen Vulkankratern, die wir besucht haben, überkommt uns ein Gefühl von etwas ungeheuer Bedrohlichem, Unbezähmbaren - als stünden wir auf einem fremden Planeten.

Fremd präsentiert sich auch der Erdtrabant an unserem letzten Abend auf Grande Comore: Über der Insel steht ein seltsam ringförmiger Mond, wie wir ihn noch nie gesehen haben. Kein Wunder - wir erleben eine Mondfinsternis, dieses seltene Naturschauspiel. Es wird der krönende Abschluß unseres Besuchs auf den „Inseln des Mondes", wie die arabischen Entdecker die Komoren nannten.

Etwa 150.000 Riesenschildkröten rumpeln durch das Korallenlabyrinth. Auf Aldabra haben sie außer der glühenden Sonne keine natürlichen Feinde (vorhergehende Doppelseite).

In der Hafenstadt Moroni mit ihren Moscheen, Minaretten und Arkaden fühlen wir uns ins arabische Mittelalter versetzt.

Fischfang wie vor tausend Jahren: Mit winzigen Auslegerbooten angeln die Komorer auf offenem Meer (oben).

Ein Fischer mit kostbarem Fang. Der Quastenflosser, ein lebendes Fossil, wurde präpariert und im Museum von Moroni ausgestellt.

Auf dem Vulkan Karthala, am größten Krater der Erde. Dampffontänen entweichen dem schwarzen Schlund, und gelegentlich ist ein Grummeln zu hören (ganz oben).

Die beiden Fischer, die einst den wertvollen Quastenflosser an der Angel hatten, sind trotzdem arm geblieben (oben).

Auch das ist kein Weg, zu Geld zu kommen (rechts).

Für ein Mannschaftsmitglied ist das Lemurenkind leider noch zu klein (rechte Seite).

4
Trittsteine im Atlantik

Fallböen von Sturmstärke beuteln die FREYDIS, die sich auf ihrem Weg nach La Palma, der westlichsten der kanarischen Inseln, an der Küste Teneriffas entlangkämpft. Es wird erst ruhiger, als wir den geschützten Hafen von St.Cruz de la Palma erreichen. Wir wollen die ersten deutschen Weltumsegler Elga und Ernst Jürgen Koch besuchen, die sich hierher zurückgezogen haben. 1985 kamen sie mit nur zwei Koffern an, inzwischen leben sie in einem hochgelegenen, von einem blühenden Garten umgebenen Haus, dessen Wände Ernst Jürgens selbstgemalte Bilder schmücken.

Zusammen fahren wir zur Caldera de Taburiente, dem größten Einsturzkrater der Erde, und zum Vulkan Teneguia, der bei seinem letzten Ausbruch 1971 drei Wochen lang soviel Asche und Lava spie, daß sich die Küste hundert Meter weiter ins Meer vorschob. Die Kochs sind glücklich auf dieser Insel mit ihren kleinen verträumten Dörfern, den vielen grünen Hängen und schwarzen Lavaklippen – und ohne die Hotelburgen, wie man sie sonst auf den Kanaren kennt.

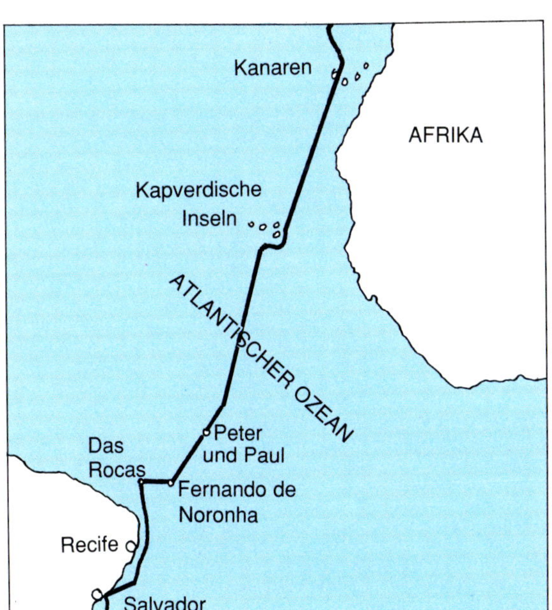

Weiße Gipfel in der See

Nach den Kapverden geraten wir in die Mallungen, die FREYDIS schwer zu schaffen machen: graue Tage mit Dauerregen, dampfendem Meer und Übelkeit erregendem Seegang. Während meiner Nachtwache kriechen schwarze, spinnenartige Wolkenungeheuer über den Himmel und fressen den Mond auf – gespenstisch! Plötzlich schießt etwas Dunkles übers Deckshaus direkt auf mich zu und versetzt mir einen so harten Schlag gegen die Stirn, daß mir Hören und Sehen vergeht: der größte Fliegende Fisch, den ich je sah. Zum Frühstück wandert er in die Pfanne, und ich laufe mit einer dicken Beule auf der Stirn herum.

Vertrackte Kalmen! Flauten und dann wieder Hitzegewitter prägen die Zone zwischen den Passaten des Nord- und Südatlantiks (gegenüberliegende Seite).

Fliegende Fische landen erst an Deck und dann in der Pfanne.

In diese winzige Bucht der Insel Peter und Paul stürzen Wasserkaskaden und machen einen längeren Aufenthalt unmöglich.

Peter und Paul: Nach mißglückten Ankerversuchen verlassen wir fluchtartig dieses ungastliche Eiland (rechte Seite).

Gleichzeitig mit dem Skipper erwacht auch der Passat. Er schiebt uns auf Peter und Paul zu, diese unwirtlichen Vulkanfelsen mitten im Atlantik. Als weiße, ganz von Guano bedeckte Gipfel des gigantischen mittelatlantischen Rückens steigen sie unvermittelt aus der Tiefe empor und überragen die Wasserfläche um nur fünfzig Fuß. Hier steht eine so starke Brandung, ein so gewaltiger Strom, daß wir nur mit voller Motorkraft zwischen den Lavafelsen in eine winzige Bucht preschen können.

Wie durch die Lücken eines zerfressenen Gebisses stürzen Wasserkaskaden herein und katapultieren die ankernde FREYDIS zwei Meter auf und nieder. Kein Wunder, daß unser Anker ausbricht! Wir müßten Leinen zu den Felsen ausbringen, können aber unmöglich mit dem Dingi hier anlanden. So geben wir schweren Herzens auf und nehmen Kurs auf Fernando de Noronha, diese klippenbewehrte Insel, 600 sm vor der brasilianischen Küste.

Nächtliche Strandung einer kleinen Yacht auf den Kanaren. Mit vereinten Kräften wird sie wieder flott gemacht (vorhergehende Doppelseite).

Am Strand von Fernando de Noronha erhält die FREYDIS ein neues Make-up.

Trockenfallen mit aufgeholtem Kiel macht's ohne weiteres möglich.

Delphine sind stets willkommene Begleiter der FREYDIS (rechts).

Der „Finger Gottes"

Hier hat sich seit unserem letzten Besuch vor zehn Jahren einiges verändert. Eine neue Steinpier schützt die Fischerboote vor nördlichen Winden, und seit die Insel 1988 zum Nationalpark erklärt wurde, kommen immer mehr Touristen. Wissenschaftler erforschen das Verhalten der Delphine, die nur hier und auf Hawaii das ganze Jahr über in großer Zahl beobachtet werden können. Paarweise oder in kleinen Gruppen ziehen sie durchs Wasser, dabei mehrere Luftsprünge hintereinander vollführend, in die sie auch noch Doppel- oder Dreifachaxel einbauen, als müßten sie bei ihrer Kür den höchsten Schwierigkeitsgrad erreichen. Eine für alle Wasserfahrzeuge gesperrte Bucht ist ihr Hochzeitszimmer und ihre Kinderstube.

Wir wollen den „Finger Gottes" erklettern, dessen Spitze eines der beiden Leuchtfeuer trägt, die den Weg zur Insel weisen. Vor Jahrmillionen erhob sich hier ein Lava spuckender Aschenkegel aus dem Meer. Nach dem Erlöschen verwitterte der Vulkan, nur der massive Lavasockel und der 323 m hohe Pfropf, der den Schlot ausfüllte, blieben übrig: Fernando de Noronha und sein Pico.

Das Wahrzeichen Fernando de Noronhas ist der 323 m hohe Pico, für die Einheimischen der „Finger Gottes" (gegenüberliegende Seite).

Schwindelerregender Aufstieg über rostige Eisenleitern. Aber der Ausblick vom Pico ist die Mühe wert.

Eidechsen sind freundliche Inselbewohner.

Auf der Spitze des Pico genießen wir neben dem Leuchtfeuer die phantastische Aussicht auf die Insel und ihre Traumbuchten.

Die Sonne heizt den Kegel wie einen riesigen Schamottstein auf, deshalb müssen wir ihn frühmorgens besteigen. Eine schmale, stellenweise durchgerostete Eisenleiter führt in den senkrechten, manchmal sogar überhängenden Felswänden zum Gipfel. Daran hangeln wir uns immer höher, vermeiden den Blick in die Tiefe und sind nach einer schwindelerregenden Stunde endlich oben.

Hart zerrt der steife Passat an uns - hätte ich doch nur meinen Lifebelt mitgebracht! Fregatt- und Tropicvögel, Seeschwalben und Tölpel segeln dicht an uns vorbei, lassen sich geschickt vom Aufwind emporreißen und stürzen sich mit den Fallböen in die Tiefe. Ihre Brut sitzt wie angeklebt auf winzigen Vorsprüngen in der Wand. Wir kauern uns dicht an das Leuchtfeuer und blicken aus der Vogelperspektive auf die Strände und Buchten hinab, wo die winzige FREYDIS schwojt. Die atemberaubende Fernsicht wäre ein noch größerer Genuß, müßten wir nicht den Abstieg auf der wackligen Leiter fürchten. Wir sind eben Segler, keine Alpinisten!

Seeschwalben nisten zu Tausenden auf dem Atoll Das Rocas (oben).

Tölpel mit Küken

Junger Fregattvogel hält Ausschau: Wo bleiben nur die Eltern?

Das Rocas ist eine unbewohnte Vogelinsel am Äquator. Der alte Leuchtturm und das Haus des Wärters sind längst verfallen (folgende Doppelseite).

Auf der Vogelinsel

80 sm weiter westlich liegt das Atoll Das Rocas, ein Korallenkranz von 1,8 sm Durchmesser, mit zwei kleinen Sandinseln mittendrin. Tölpel, Seeschwalben und Paradiesvögel umkreisen uns kreischend und zwitschernd, als wollten sie das unbewohnte, unter Naturschutz stehende Eiland vor ungebetenen Gästen schützen. Wir aber haben eine Sondergenehmigung wie schon für das Anlaufen von Aldabra im Indischen Ozean.

Mangels Durchfahrt verankern wir die FREYDIS an der unruhigen Riffkante und suchen mit dem Dingi eine Lücke. Vor uns liegt die Lagune mit spiegelglattem, türkisblauem Wasser und einem Strand, wie wir ihn weißer und funkelnder noch nie gesehen haben. Kein Wunder, er besteht ja auch nicht aus Sand, sondern aus zerriebenen Korallen und Muscheln. Einige armselige Bäumchen säumen ihn, tief gebeugt unter der Last der Vögel. Die wenigen Kokospalmen sehen aus wie riesige Staubwe-

MIRAN

Rettung einer gerade geschlüpften Schildkröte vor ihren vielen Feinden. Nur eine von tausend überlebt.

Ein Tölpel als Galionsfigur

Auf dem Atoll Das Rocas: Zivilisationsmüll landet auch an den Stränden der entlegensten Inseln.

Krabbe im kristallklaren Wasser des Südäquatorialstroms

del, so dicht sitzt auf ihnen das Federvieh. Auch der Luftraum ist völlig überlastet.

Wir schlendern zum windschiefen, verrosteten Gerüst des ehemaligen Leuchtturms, das von Hunderten faustgroßer roter Krebse umlagert ist. Später hören wir von der Tragödie, die des Leuchtturmwärters Familie hier ereilte: Das Rocas wurde damals zweimal jährlich von einem Schiff angelaufen, das Ehepaar und Kind versorgte und einen großen Tank mit Trinkwasser füllte. Als der Versorger aber eines Tages - pünktlich - wiederkam, fand er die kleine Familie verdurstet vor. Das Kind hatte wohl den Hahn des Tanks geöffnet, und das kostbare Naß war ins Meer gelaufen, ehe die Eltern es bemerkten. Jetzt steht auf Das Rocas ein solargespeistes, computergesteuertes Leuchtfeuer.

Wir überlassen FREYDIS einem Tölpel, der sich mit seinen Schwimmfüßen an den Bugkorb klammert, und schnorcheln am Riff. Schwärme fingerlanger, bunt schillernder Fischchen huschen wie Kolibris vor meiner Brille hin und her oder bleiben stehen und starren mich durchs Glas an. Ein Stockwerk tiefer zieht eine Formation armlanger, blaugrauer Fische ihres Weges. Und da - auf dem Grund, ein großer dunkler Schatten mit typischer Silhouette und starren Augen: ein Hai! Er schwimmt stracks auf Erich zu, der FREYDIS' Unterwasserbewuchs kontrolliert und ihn nicht bemerkt. In wilder Panik klettere ich an Bord.

„Ein Hai, Erich, ein Hai, genau unter dir!" Der Skipper, gerade aufgetaucht, hört mich. Ein kurzer Blick ins Wasser, dann ein Kraulsprint zur Badeleiter und ein Hechtsprung über die Reling. Wasserspuckend sitzt Erich an Deck, während die sichelförmige Rückenflosse an der Badeleiter vorbei durchs Wasser schneidet. Gerade noch mal gutgegangen!

5
Das Papageienland

Brasilien hat sich seit unserem letzten Besuch vor zehn Jahren sehr verändert. Damals schien es ein Seglerparadies zu sein, jetzt sind Buchten und Strände zugebaut. Die Touristenmassen werden aggressiv umworben, die wohlhabenderen Einheimischen ziehen immer höhere Mauern um ihre Häuser und Gärten und lassen sie Tag und Nacht bewachen. In den Großstädten wagen Autofahrer auch am hellichten Tag nicht mehr anzuhalten, aus Angst vor Überfällen. Und in Rio de Janeiro ist es schon riskant, zu Fuß von der Marina zur nächsten Bushaltestelle zu gehen. Sicher und geborgen fühlen wir uns nur in kleineren Ortschaften, in malerischen Buchten, auf den vorgelagerten Inseln und natürlich in den fast festungsartig ausgebauten Marinas.

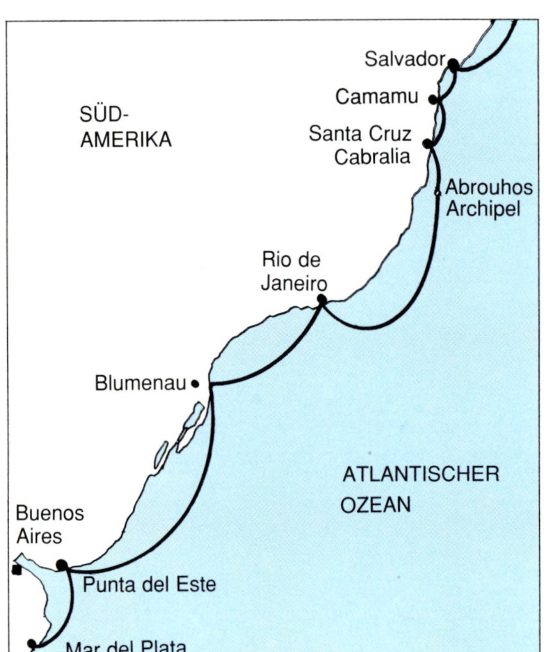

Auf der kleinen Insel Tinharé besuchen wir unseren brasilianischen Freund Neroi, der sich, versteckt im Wald, ein Haus als Palmen, Schilf und Bambus gebaut hat. Das verträumte Fischerdorf Morro hat sich zu einem Ferienzentrum entwickelt, überwiegend für Gäste aus Sao Paulo. Aber in den kleinen Kneipen am Palmenstrand wird nicht nur frischer Fisch gegessen, Bier und Ciapirinha getrunken, sondern auch Marihuana geraucht und Kokain geschnupft. Morro ist zu einem Umschlagplatz für harte Drogen geworden.

Freund Neroi begleitet uns auf der FREYDIS zu dem Urwalddorf Cairu, wo wir zwei Franziskanerpater wiedersehen sollen, die schon seit 1932 hier leben. Sie haben ihr 300 Jahre altes Kloster wieder bewohnbar gemacht und bemühen sich weiter um seine Restaurierung. Aber das ist Schwerstarbeit, denn nur sehr hartes, termitenfestes Holz kann verwendet werden. Mit Moped, Auto und Boot betreuen die beiden 75jährigen Patres ihre Gemeinde bis in die hintersten Urwaldwinkel.

Brasilianische Badefreuden

Saudade, die kleine „Insel der Sehnsucht", in der Nähe von Salvador

Zu Besuch auf der Kakaoplantage einer nach Brasilien ausgewanderten Ostfriesin (oben)

Unser Freund Neroi spielt Freeclimber und holt uns die Nüsse von der Palme (gegenüberliegende Seite).

Bekanntschaft mit einer seltenen Albino-Wasserschildkröte

Kakaofrucht

Die traurigen Reste eines Seglertraums rosten im Mangrovensumpf.

Die Edelstahlbeschläge des Wracks sind eine wertvolle Beute.

Oben: Im Albrolhos-Archipel. „O Island in the Sun ...“

Die ganze Insel besteht aus Korallen (ganz links).

Prachtfregattvogelweibchen beim Brüten. Es legt nur ein einziges Ei (oben).

Balzzeit bei den Fregattvögeln: So ein aufgeblasener Kerl!

Rio zwischen Traum und Alptraum

Der Wind hat auf Nordost gedreht, wir breiten die Schmetterlingssegel aus und „fliegen" gen Süden. Doch nach Buzios verschlechtert sich das Wetter, Fallböen fegen von den Bergen und entlassen uns erst, als wir die Abdeckung von Cabo frio erreichen. In der Morgensonne laufen wir in die Guarnabarabucht ein, vorbei am weltberühmten Zuckerhut und am Corcovado. Das grandiose Panorama Rio de Janeiros läßt uns die Probleme der Zehnmillionenstadt vergessen, die hier alle Dimensionen sprengt. Trotz zeitraubender Arbeiten am Boot schaffen wir es, eines Abends mit der Zahnradbahn auf den 700 m hohen Corcovado zu fahren, und der herrliche Ausblick auf das nächtliche Rio, über dem die riesige Christusfigur verzeihend die Arme ausbreitet, versöhnt uns mit dieser Stadt zwischen Traum und Alptraum. Der folgende Törn nach Mar del Plata - 1400 sm - wird einer der schönsten und sportlichsten, den wir je erlebt haben. Auf der Ilha Grande besuchen wir einen österreichischen Funkamateur, der Yachten unermüdlich durch den Äther begleitet, auch uns auf dem weiteren Weg nach Süden. Während die FREYDIS unter ihrem 250-m^2-Spinnaker über die hohen Seen schießt, feiern wir den Geburtstag eines Mitseglers. Die Delphine geben dazu eine Extravorstellung mit Salti und Pirouetten. In der lauen Vollmondnacht wird unter dem Kreuz des Südens Seemannsgarn gesponnen: von den Marquesas, von Venezuela oder der kleinen Insel Ouessant. Dazu erklingen stimmungsvolle brasilianische Weisen ... Das sind Sternstunden auf See, die man nie vergißt.

Wiedersehen mit Funkerfreund Peter, dem Original auf der Ilha Grande

Parati an der Bahia Grande: ein brasilianisches Städtchen unter Denkmalschutz, in dem die Zeit scheinbar stehengeblieben ist.

Am Eingang von Peters Farmhaus hängt ein Spruch: „Du bist willkommen, wenn du mein Freund bist!“ Daneben ein Haigebiß.

An der Kreuz bei grober See (folgende Doppelseite)

Nach rauher Sturmfahrt fädeln wir uns durch die tückische Barre vor Santa Cruz de Cabralia, um unseren Freund Jürgen zu besuchen, der hier eine neue Existenz und seine brasilianische Frau Anna-Lucia gefunden hat. Zur Familie gehören auch eine hübsche kleine Tochter Valerie und Otto, der blauköpfige Papagei. Gleich am ersten Tag besucht er FREYDIS und stellt sich uns krächzend als „Otto Papagaio" vor. Als wir ihm unser Maskottchen vorführen, einen Stoffhund, der bellen und laufen kann, gerät Otto völlig aus dem Häuschen. Er weint, heult und schreit wie ein kräftiger Säugling mit vollen Windeln. Auf Band erkennt Jürgen darin das Gebrüll seiner Babytochter, auf die Otto damals sehr eifersüchtig war ... „Papageienland" nannte Amerigo Vespucci diese Küste, an der er 1499 entlangsegelte und wo er außer Urwald nur kreischende, bunte Vögel sah.

Wir wollen zu den Abrolhos, diesen gefährlichen Inseln, die portugiesische Seefahrer „Abros fos ossos" nannten - „halt' die Augen offen". An ihren Riffkanten ruhen sich Wale aus, die von der Antarktis nach Norden ziehen; bei der Überfahrt sehen wir ihre riesigen dunklen Buckel durchs Wasser gleiten - die ersten Wale unserer Reise. Am Riff liegt der zerschmetterte Rumpf einer Segelyacht, und auch die französische Yacht TANAGA hätte um Haaresbreite dieses Schicksal ereilt. Ihr Skipper Frédérique erzählt, daß sein Kompaß von einem Moment auf den anderen einen falschen Kurs angezeigt habe.

Morgens verlassen uns die Delphine, denen wir wohl zu langsam geworden sind. Mit Hilfe von Radar und GPS steuern wir Porto Belo an, das auf einer ins Meer ragenden grünen Halbinsel mit zahllosen geschützten Buchten und weißen Sandstränden liegt. Wir fahren landeinwärts nach Blumenau, das verarmte Auswanderer aus Deutschland Mitte des 19. Jahrhunderts gegründet haben. Überall Fachwerkhäuser, Restaurants und Hotels mit deutschen Namen und dazwischen blonde, blauäugige Burschen in Lederhosen und bezopfte Mädchen in Dirndlkleidern. Wir fühlen uns, als hätten wir einen Zeitsprung um hundert Jahre zurück gemacht.

Endlich mal ein Ei, das satt macht!

Fachwerkhäuser in Blumenau (rechts)

Geburtstagsfeier auf See

Gaudi auf dem Oktoberfest in Blumenau (links)

Islas dos Lobos. Tausende von Seelöwen bevölkern diese Felsen vor der Küste Uruguays (folgende Doppelseite).

Während Heiner den einen Schnorchelunterricht erteilt ...

Nonstop soll es nun nach Punta del Este gehen, doch machen wir noch einmal auf den Islas dos Lobos Station, wo es von Robben und Seelöwen wimmelt. Ihr Grölen, Jaulen, Heulen und Piepsen übertönt auch die stärkste Brandung. An Land werden wir attackiert, aber als wir uns lange Zeit ganz ruhig verhalten, dürfen wir schließlich mitten unter den Tieren schwimmen und planschen. Besonders die Seelöwinnen zeigen großes Interesse an den fremden Gästen mit abnehmbaren Flossen und Schnorchelnasen.

Längst haben wir die brasilianische Gastflagge eingeholt und die argentinische gesetzt. Mar del Plata, wir kommen! Noch ahnen wir nicht, daß wir dort unser Schiff fast verlieren werden.

... üben die anderen mit dem Dingi das Einsteigen und Abschleppen.

6
Zu Fuß und mit Traktor durch „Europa“

Wer kennt schon „Europa“, die kleine Insel im südlichen Moçambiquekanal? Falls sie überhaupt auf einem Globus eingezeichnet ist, dann bestenfalls als Pünktchen. Aber gerade solch vergessene Fleckchen Erde erregen unsere Neugier ganz besonders. Wir bemühen uns um Informationen über die Île Europa, die aber äußerst spärlich ausfallen. Immerhin erfahren wir, daß es eine Koralleninsel mit einer Lagune ist, einsam im Indischen Ozean gelegen, weit entfernt sowohl von der südafrikanischen Festlandküste als auch von Madagaskar. Politisch steht sie unter französischer

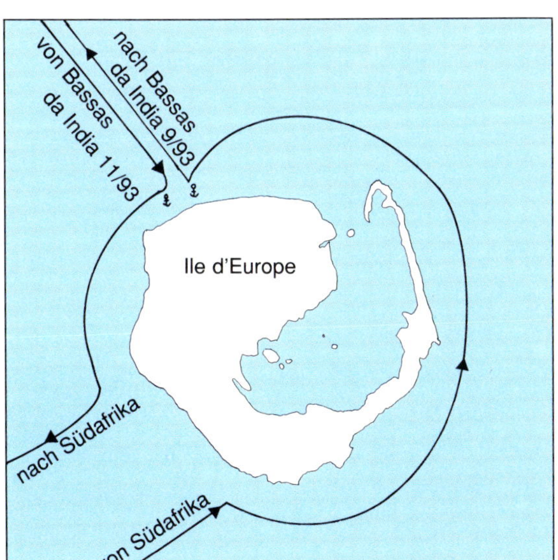

Verwaltung, und die Franzosen sollen dort eine Station unterhalten. Ob man sie als Yachtie besuchen darf, ist äußerst zweifelhaft. Mit Recht werden immer mehr derartig entlegene Inseln zu Naturreservaten erklärt und für Besucher gesperrt.

Trotz des Risikos, dort abgewiesen zu werden, ist die Versuchung, Europa auf unserem Segeltörn von Südafrika nach Madagaskar anzulaufen, unwiderstehlich: Die Insel liegt mitten auf unserem Weg. Wir starten zu sechst, mit zwei weiteren Paaren. Daß die 600 sm von Richard's Bay an der Ostküste Südafrikas bis Europa nicht einfach werden, ist uns klar. Segler, die diese Strecke kennen, berichten einstimmig von einer üblen See.

Draußen über dem flachen Küstenschelf empfangen uns denn auch eine steile Agulhas-Stromsee und Starkwind von vorn, der sich bald zum Sturm auswächst. Segeln zum Abgewöhnen. Als die FREYDIS nach vielen Stunden Kampf nur noch wild durch die aufgewühlte See hackt und kaum mehr Fahrt voraus macht, drehen wir bei und warten ab. Karin, eine erfahrene Seglerin, versucht die angeschlagene Crew psychologisch aufzurichten: „Wir sind gerne und freudig hier, und wir sehen das verdammt noch mal positiv!“ Die seekranke

Unweit der Insel Europa liegt das gefährliche, kreisrunde Riff Bassas da India. Bei Vollmond und Springhochwasser gelingt uns mit Freydis der Sprung über die Riffmauer.

Crew ist allerdings wenig zugänglich. Noch dazu reagiert Uli auf Scopodermpflaster mit einem beängstigenden Verwirrtheitszustand, der uns die ganze Nacht in Atem hält.
Langsam dreht der Wind von NE auf W, SW, dann auf Süd. Wir segeln wieder, nun mit günstigem Wind. Die Crew erholt sich, die Stimmung ist optimistisch. Doch am dritten und vierten Tag verläßt uns der Wind. Um keine Zeit zu verlieren, motoren wir, auch wenn Abgase und Maschinenlärm das letzte sind, woran wir Segler unsere Freude haben. Dafür freuen wir uns an der ruhigen See, dem blauen Himmel, der wärmenden Sonne. Buckelwale winken uns mit langen Brustflossen zu, Thunfische schnellen aus dem Wasser, Sturmvögel und Albatrosse ziehen ihre Schleifen, Sternschnuppen und Meeresleuchten verzaubern die Nächte.
Am Morgen des fünften Tages ein Windhauch aus SE. Endlich läßt auch der Gegenstrom nach. Wir erreichen zeitweise sieben Knoten über Grund. Die Sonne wird von Tag zu Tag heißer, durchdringender und lästiger. Je näher die Insel rückt, desto stärker packt uns das Landfieber. Karl-Ludwig entdeckt bei der Ortsbestimmung einen Fehler in der Positionsangabe im Seehandbuch: Ihre Länge ist 40° 20′ nicht 41° 20′! Die Entfernung zur Insel verringert sich damit um 50 sm. Uli, unsere Landhungrigste, jubelt: „Das ist, als hätte man im Preisausschreiben gewonnen, einen ganzen Ferientag mehr auf der Insel."
Um 04.00 Uhr drehen wir bei, warten auf den Morgen. Um 06.00 Uhr zeichnet sich die flache Insel schemenhaft am Horizont ab. Wir liegen etwa 1,5 sm vor dem sie umgebenden Korallenriff. Blutrot geht die Sonne zwischen dunklen Wolkenungetümen auf, der Himmel ist voller Vögel, auf dem Riff thront ein Wrack wie ein Mahnmal: eine unheimliche Szenerie als Auftakt dieses Inselbesuchs.

Hinter dem Riff empfängt uns türkisfarbenes Badewasser (links).

Jede Menge Wracks am Korallenstrand von Europa. Die flache Insel mit ihren gefährlichen Strömungen wurde schon vielen Schiffen zum Verhängnis.

Trotz sengender Sonne marschieren wir drei Tage kreuz und quer über das karge, aus einem teilweise versandeten Atoll entstandene Eiland.

Langsam schnuppern wir am Riff entlang, auf dem uns weitere rostzerfressene Schiffsleichen entgegenstarren, während dahinter - einer Fata Morgana gleich - eine herrliche Lagune mit schillernden Blau-, Grün- und Türkistönen lockt. Und wie ein Trugbild erweist sich die Lagune als Enttäuschung: Flach, mit unzähligen Korallenköpfen gespickt, gewährt sie Schiffen nirgends Zugang, auch nicht unserer FREYDIS mit ihrem aufholbaren Kiel. Ankern am Außenriff aber birgt Gefahren.
Die große Frage: Dürfen wir überhaupt auf die Insel? Etwa 1 sm entfernt schwimmt ein kleines Boot, darauf halten wir zu. Drei Angler sitzen darin, einer ist Chinese. Ich spreche sie in meinem allerbesten Schulfranzösisch an. Sie mustern uns zwar, geben aber nicht zu erkennen, ob sie mich verstehen. Ich versuche es auf englisch, schließlich sogar mit Zeichensprache - keine Reaktion. „Beidrehen, keinen Anker werfen", entscheidet Erich. „Heide und ich gehen im Dingi an Land."

Kleiner Fregattvogel

Die Reste einer ehemaligen Sisal-Pflanzung (gegenüberliegende Seite)

Über Sand, stacheliges Korallengemäuer, tote Bäume und dorniges Gestrüpp pirschen wir uns an die lebensprallen Nistplätze der Seevögel heran.

Die Seeschildkröten legen in der Nacht ihre Eier auf den Stränden der Insel ab, sogar nahe der Station.

Zwei freundliche junge Soldaten nehmen uns am Strand in Empfang. Als wir ihnen unser Anliegen erklären, zeigen sie auf das Boot mit den Anglern, das jetzt ebenfalls landet. Darüber könne nur der Chef entscheiden, antworten sie, und das sei der Chinese.

Lam-Yam, der Chinese, und Robert, der Inselgendarm, geleiten uns zur kleinen Station, die kaum 50 Schritte entfernt am Ufer liegt. Dort erfahren wir den Grund ihrer Zurückhaltung: Europa ist seit 1975 Naturreservat und für Yachties strikt gesperrt. Als die beiden aber unsere Begeisterung für ihr einsames Eiland bemerken und die Bücher mit den Bildern unserer Reisen durchblättern, tauen sie langsam auf. Lam-Yam bewilligt uns schließlich den ersehnten Aufenthalt, und Robert will uns sogar selbst über die Insel begleiten.

Von den beiden erfahren wir, weshalb die Insel ausgerechnet „Europa" heißt: Sie wurde 1774 von einem englischen Schiff dieses Namens entdeckt und nach ihm benannt. 1896 wurde sie an Frankreich abgetreten. Eine Wetterstation besitzt sie seit 1948. Zu deren Besatzung, die halbjährlich ausgetauscht wird, gehören außer Lam-Yam und Robert zwei Hilfskräfte. Und weil die Insel von strategischer Bedeutung für Frankreich ist, zeigen sieben Soldaten, die in der Nachbarschaft eine eigene kleine Station unterhalten, militärische Präsenz.

Ein Rotschnabel-Tropicvogel lenkt uns von seinem Nest ab (unten links).

Kaffeeklatsch bei Einsiedlerkrebsen

Wir ankern auf dem flachen Riff vor der Wetterstation und hoffen, daß der Wind nicht zunimmt und der Anker auf dem schlechten Grund nicht slippt. Das Boot alleinzulassen, ist ein Risiko, aber wer will sich schon die Gelegenheit eines Landgangs entgehen lassen? Robert erwartet uns am Strand. Als sportlich trainierter, an heißes Klima gewöhnter Läufer wird er nicht müde, uns trotz sengender Sonne drei Tage lang kreuz und quer über das karge, aus einem alten, teilweise versandeten Atoll entstandene Eiland zu führen. Über Sand, stacheliges, abgestorbenes Korallengemäuer und Korallenschutt, über tote Bäume und dorniges Gestrüpp pirschen wir uns an die lebensprallen Nistplätze streitbarer Seeschwalben heran, die zu Tausenden jedes Jahr von den antarktischen Kergueleninseln hier herauf zum Brüten ziehen. Wir besuchen die größte Fregattvogelkolonie im Indischen Ozean, mit friedlichen Tölpeln als Untermietern, und die Lagune mit ihren silbernen Fischen, gefährlichen Tiger- und Hammerhaien, kolossalen Karett- und Suppenschildkröten und Flamingos. Ihr schmaler Vegetationsgürtel besteht aus Mangroven, Euphorbien, Flamboyanten, Tamarinden, Bougainvillea, Sisalagaven und einigen wenigen Kokospalmen.
Trotz des grünen Saums und der Hitze hat die Insel nichts gemein mit einer Tropenidylle. Es gibt hier kaum Farbenprächtiges, Blühendes, Saftiges. Viele Pflanzen sind vertrocknet und abgestorben, denn Süßwasser ist das große Problem; Niederschläge fallen nur einmal im Jahr zur Regenzeit. Doch trotz fehlender Tümpel überfallen uns bei Sonnenuntergang Myriaden blutrünstiger Stechmücken. Vermummt wie Bienenzüchter stehen wir an den Sandhügeln schlüpfender Schildkrötenkinder; etwa 160.000 davon werden jedes Jahr an den Stränden Europas geboren, aber nur jedes tausendste schafft es, den überall lauernden Räubern zu entkommen.

Riskantes Ankern an der Riffkante Europas

Inmitten einer verwilderten Sisalpflanzung entdecken wir ein paar Stein- und Holzkreuze. Robert erzählt uns die traurige Geschichte eines Siedlerpaares, das sich auf der Insel durch Sisalanbau eine Existenz geschaffen hatte. Während der Pflanzer nach Madagaskar gesegelt war, um Proviant und neues Arbeitsgerät zu besorgen, ermordeten drei Bedienstete seine junge Frau und die kleine Tochter. Als er zurückkehrte, erschlug er die Mörder und verließ das Eiland für immer. Opfer und Täter liegen gemeinsam auf dem kleinen Friedhof.
Obwohl die runde Insel einen Durchmesser von nur 4 sm hat, scheint sie uns endlos. Zwar ersparen uns Traktorfahrten einen Teil der Fußmärsche, rütteln und schütteln uns dafür aber kreuzlahm. Das Wandern hier ist gnaden-

Tropische Vegetation kann sich nur auf dem Stationsgelände entfalten.

Der Meteorologe der Station beim Sammeln von Daten

Flamboyant in voller Pracht

los: Karin und Karl-Ludwig geben entnervt im durchlöcherten Terrain großer Landkrabben auf, ich verkrieche mich kurz vor dem Hitzekollaps in einem feuchten, düsteren Wrack, Erich stürzt erschöpft über Korallenschutt und bemerkt nicht, daß sein Tausend-Dollar-Objektiv dabei aus der Fototasche rollt, und Bernd verliert seine teure James-Bond-Sonnenbrille.

Abweisend brutal ist dieses Fleckchen Erde unter dem Wendekreis des Steinbocks - und trotzdem faszinierend, weil es ein ganz eigenes Gepräge hat und ein einzigartiger Zufluchtsort für Tiere ist. Uns aber „schafft" diese Insel, ihre Hitze, ihre Mücken, ihre scharfen Korallen und spitzen Dornen sind zuviel für uns. Mit hohem Fieber, rasenden Kopfschmerzen und zerstochenen Armen und Beinen liege ich beim Auslaufen in der Koje. Erst als es mir besser geht, überwiegt die Freude über glückliche Augenblicke auf der Île Europa: Als wir ein Schildkrötenbaby vor gierigen Fregattvögeln retteten, als wir eine nach der Eiablage zu Tode erschöpfte, mehrere hundert Pfund schwere Suppenschildkröte zum Wasser zurückschleppten ... Und als sich junge Seeschwalben auf meinen Schultern niederließen und ich mir vorkam wie Alice im Wunderland.

TEIL III

Schiffbruch in der Antarktis

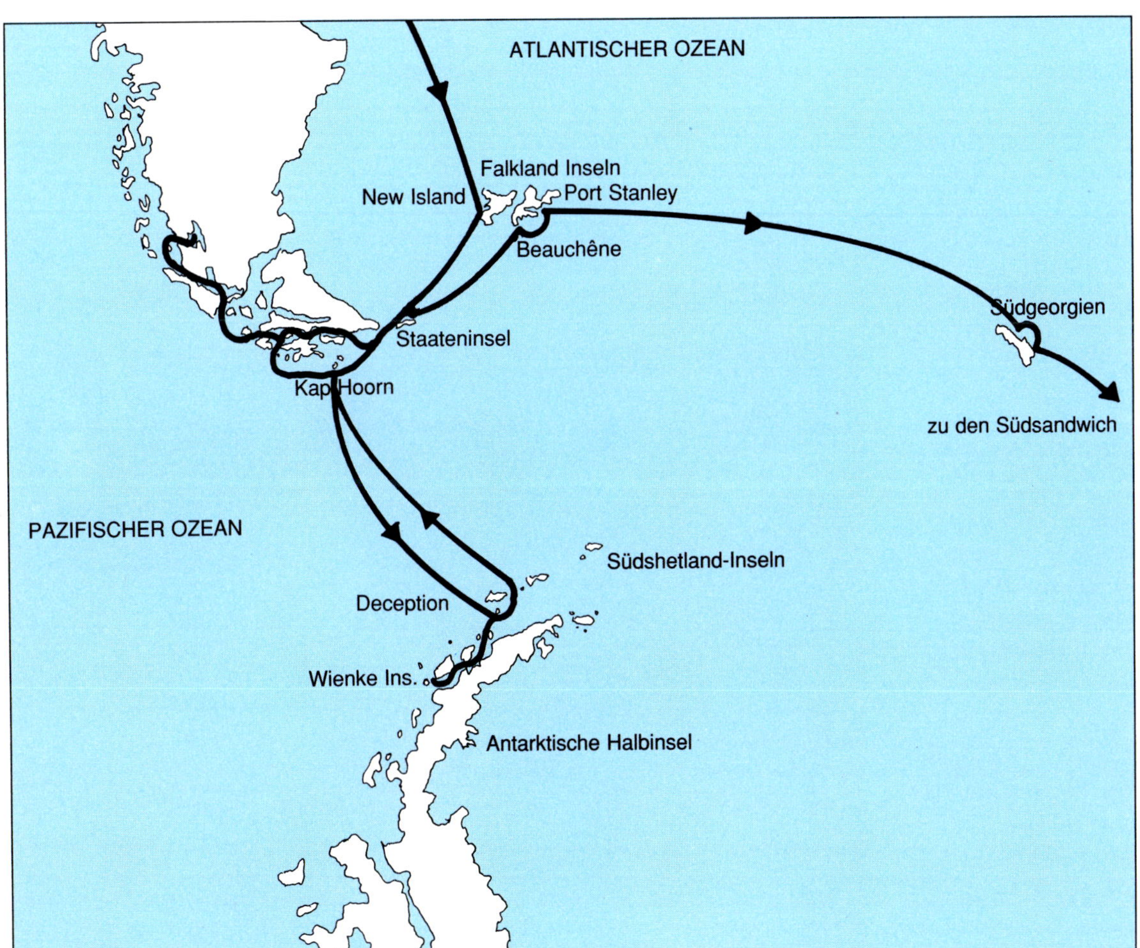

7
Feuer an Bord

Es ist sommerlich warm im argentinischen Mar del Plata. Der Generator läuft, um die frisch gefüllte Kühltruhe zu versorgen. An Bord ist Ausrüstung und Proviant für ein ganzes Jahr verstaut. Vor dem Auslaufen trinken wir noch einen letzten Tee im Cockpit. Plötzlich überall Rauchschwaden! Sofort greift sich Erich den nächsten Feuerlöscher, reißt den Motorraum auf und versucht zu löschen. Flammen hüllen ihn ein, seine Haare sind versengt. Stegnachbarn eilen uns zu Hilfe, der Schaum von insgesamt 26 Feuerlöschern ergießt sich in Motorraum, Achterkajüte und Messe. Alles vergeblich.

Wir verteidigen die FREYDIS mit dem Mut der Verzweiflung, aber das Feuer frißt sich immer weiter, genährt von Diesellachen, Seekarten, Plastikteilen, PVC-Verkleidung und Kabeln. Es ist nur eine Frage der Zeit, bis die Flammen die Gasflaschen, die Ventile und Dichtungen erreichen – bis unser Heim, unsere Existenz, in Feuer und Rauch aufgeht und sinkt.

Als die Feuerwehr uns schließlich rettet, indem sie tonnenweise Wasser in den heißen Rumpf pumpt, sind Maschinenraum, Achterkajüte, Gang und Messe nur noch schwarze, stinkende Brandhöhlen. Die gesamte Bordelektrik, alle Navigationsgeräte, dazu Kamera- und Tonausrüstung im Wert von hunderttausend Mark sind verkohlt. Es dauert lange, bis wir einen klaren Gedanken fassen können. Nur soviel ist uns klar: Das Feuer muß durch einen Kurzschluß in der Verkabelung entstanden sein.

Tagelang schuften wir fast rund um die Uhr: Wir waschen, kratzen, schrubben, spachteln, streichen, schaffen die verkohlen Überreste hinaus. „Sie arbeiten wie die Irren", wundern sich unsere argentinischen Freunde und Helfer. Schließlich gehen die Lichter wieder an,

Die Navigationsecke der FREYDIS: Vor zehn Jahren, auf unserer ersten Reise in die Antarktis, navigierten wir mit ähnlichen Hilfsmitteln wie die Seefahrer zu Cooks Zeiten: mit Kompaß, Sextant, Chronometer und Lot. Diesmal aber kommen GPS und Radar hinzu. Nach dem Brand bleibt nur noch Steinzeitnavigation.

Wasser fließt aus dem Hahn, die neue, aus Deutschland eingeflogene Elektronik ist installiert. Leitung für Leitung wird neu verlegt, bis alle Verbraucher wieder angeschlossen sind. Die Innenwände werden weiß gestrichen, die Polster neu überzogen. Zwischendurch halten wir uns mit riesigen argentinischen Steaks bei Kraft und Laune. Aber der Schock sitzt tief und läßt nur langsam nach.
Erst als die FREYDIS, von drei argentinischen Inspektoren für wieder hochseetüchtig erklärt, mit nur fünf Tagen Verspätung Richtung Patagonien ausläuft, atmen wir auf. Das Meer wird immer kälter, aber die Sonne scheint warm, und nachts weist uns das Kreuz des Südens den Weg in die Brüllenden Vierziger. Albatrosse umkreisen uns.

Aus der Traum! Die FREYDIS ist nur noch eine schwarze, stinkende Brandhöhle.

Die gesamte Elektrik und Elektronik ist verschmort, die Innenverkleidung verkohlt.

Wir sind geschockt und verzweifelt. Aber dann krempeln wir die Ärmel hoch. Bereits nach einer Woche harter Arbeit bei tatkräftiger Unterstützung durch Crew und argentinische Bekannte sind wir wieder auf See. Vieles muß ein Provisorium bleiben, aber Kurs Kap Hoorn liegt an.

Die Falklands nach dem Krieg

Auf der Halbinsel Valdés erwartet uns ein überwältigendes Tierparadies. Hier ist der Kindergarten der Elefantenrobben. In der 30 sm langen, schmalen Caletta tummeln sich die kleinen Specksäcke, sicher vor den Killerwalen, die draußen an der Küste patrouillieren. Die neugierigen Babies lassen sich sogar streicheln, umringt von freundlichen Magellanpinguinen.

Im Golfo Nuevo schwimmen Walkühe mit ihren übermütigen Kälbern um das Schiff. Die „Kleinen", bei der Geburt schon 5 bis 6 m lang, springen hoch aus dem Wasser, spielen mit ihren Müttern und stoßen zischend wie Dampfloks ihren Blas in die Luft. Es ist beeindruckend, die größten Tiere unseres Planeten so aus der Nähe zu beobachten. Ein kleiner Schlag mit der Fluke, und wir könnten unsere Weiterreise vergessen.

Starker Weststurm vertreibt uns aus dem Golf. Unter dreifach gerefftem Großsegel und Sturmfock fliehen wir in Richtung auf unser nächstes Ziel: die Falklands. So benannte sie der Brite John Strong 1690 zu Ehren seines Schatzministers Viscount Falkland. 1710 kamen Franzosen und tauften sie Isles Malouines, nach ihrem Heimathafen St.Malo. 1766 wurden die Inseln den Spaniern überlassen und hießen jetzt Malvinas. Argentinien, England – noch mehrfach wechselten die Inseln den Besitzer, bis hin zum Falklandkrieg im Jahr 1982.

Seitdem wurde von den Briten hier viel investiert: ein neuer Flugplatz, Satellitentelefon, Wohnsiedlungen, Supermärkte ... Das meiste Geld aber bringen die Fischereilizenzen an Russen, Japaner, Koreaner, Chinesen und andere, die das Meer mit ihren Fabrikschiffen, Hecktrawlern und riesigen Schleppnetzen buchstäblich leerfischen.

Mit einer Freundin auf der Halbinsel Valdés. Wir erzählen uns den neuesten Strandklatsch.

Wal-Entbindungsstation bei der Halbinsel Valdés (links)

New Island, Westfalkland. Die Insel ist zur Hälfte Naturschutzgebiet, zur Hälfte Weideland, vor allem für Schafe (oben).

Nach windiger, nasser Überfahrt - schließlich haben wir den 50. Breitengrad überquert - legen wir in der King George Bay an der Pier eines Schafzüchters an. Mit 17 000 Tieren besitzt er die größte Farm auf den Westfalklands und beschäftigt drei junge Scherer, die pro Tag und Mann 200 Schafe rasieren. Doch die intensive Beweidung schadet dem Land, und der niedrige Wollpreis macht Schafzucht immer unrentabler.

Mit einer kleinen Cessna fliegen wir nach Port Stanley. Unter uns wellige Hügel, Felsklötze, ein Labyrinth aus silbrig glänzenden Seen und Fjorden, ab und zu ein Gehöft, Schafherden am grünen Rand der Wasserläufe, einsame Wracks in verlassenen Buchten, schließlich Wohnsilos, Kasernen und der große, moderne Flugplatz. Port Stanley ist seit dem Krieg gewachsen, ist lauter und verkehrsreicher geworden. Viele Strände sind noch gespickt mit argentinischen Plastikminen, die nicht geortet und entschärft werden konnten. Man hat sie eingezäunt und Warnschilder aufgestellt. Pinguine und Seevögel - Leichtgewichte, denen die Minen nichts anhaben - profitieren von diesen Sperrzonen.
Es stürmt, regnet, schneit und hagelt: Frühling auf der Südhalbkugel. Manchmal scheint sogar die Sonne, und das bis 21 Uhr, denn der Südsommer naht. Als der Wind auf sieben Beaufort abflaut, verlassen wir die Falklands mit Kurs Südsüdwest. Vor uns liegt die 250 sm entfernte Staateninsel - und Kap Hoorn.

Sturm am Kap Hoorn. Der Rudergänger steht im Freien, nur so hat er das richtige Gefühl für Wind und Wellen (folgende Doppelseite).

8
Die windigste Ecke der Welt

Sturm, alles beherrschender Sturm. Konturen verwischen sich in der waagrecht fliegenden Gischt (vorhergehende Doppelseite).

Die FREYDIS schüttelt sich. Ein kalter Südost bombardiert sie mit groben Hagelkörnern. Mit sieben Knoten düst sie nur unter Sturmsegeln durch immer steilere Seen in eine atemberaubende Welt rasch wechselnden Lichts. Düstere, graue Felsen mit schneebedeckten Spitzen ziehen vorbei: die Hermiteninseln. Geisterhaft verschwinden sie hinter Vorhängen aus Schnee und Hagel und tauchen wieder auf, gekrönt mit leuchtenden Regenbögen.

Und dann betritt Kap Hoorn die Bühne, angestrahlt von einem Bündel Sonnenstrahlen. Da liegt es vor uns, das steinerne Symbol so vieler grausiger Seefahrermythen, Ehrfurcht heischend und uralt. An Deck beginnt eine wahre Foto-Orgie.

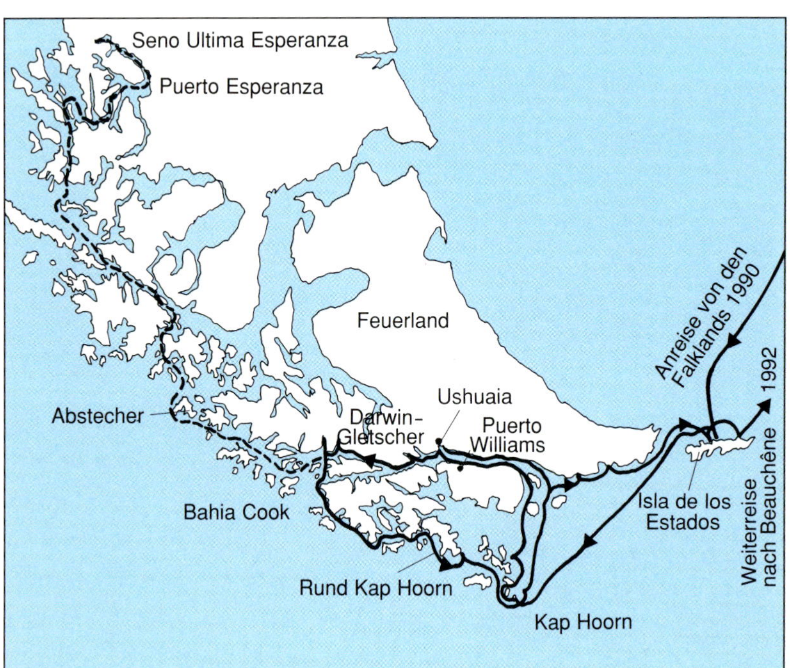

Auf der Westseite der Kapinsel legen wir uns in einer Bucht vor Anker. Nur Skipper Erich und ein Mitsegler wagen sich mit dem kleinen Gummiboot durch die schäumende Brandung und erklettern die Spitze des Felsens. Wir atmen auf, als sie nach zwei Stunden wieder heil zurückkehren, denn von Südwesten zieht ein Unwetter heran. Wir flüchten nach Puerto Williams, der südlichsten Stadt der Erde.

Selbst nach über zwei Jahrzehnten Segeln auf allen Ozeanen haben Stürme für mich noch nicht ihren Schrecken verloren. Etwas weiter im Norden, an der südwestchilenischen Küste, haben wir unsere schlimmste Zyklonenserie erlebt. Fünf Stürme, von denen der letzte in einen Orkan ausartete, wüteten tagelang und gönnten uns kaum eine Atempause. Zum Glück liegt die FREYDIS diesmal fest vertäut im sichersten Hafen Feuerlands.

Nach achttägigem Sturmgeheul beruhigt sich das Wetter ein wenig, und wir können Ushuaia auf der argentinischen Seite des Beaglekanals anlaufen. Aus dem verträumten, knapp 5 000 Einwohner zählenden Dorf, das wir vor zehn Jahren kennenlernten, ist eine laute, verkehrsreiche Industriestadt mit 30 000 Einwohnern geworden. Politisch motivierte Subventionen haben einen Bauboom ausgelöst.

Wegen rascher Wetterwechsel sichern wir das Schiff beim Ankern zusätzlich mit Festmacherleinen zum Land (rechte Seite).

Vorhergehende Doppelseite: Bahia Hoppner, Staateninsel. Mehrere Tage verbringen wir mit Landexpeditionen, erkunden eine Welt wie aus dem Märchenbuch: sprudelnde Bäche, jungfräuliche Wiesen, sumpfige Moore, abschüssige Felswände, schmale Grate, dunkle Bergseen und eiskalte Wasserkaskaden. Ein Ort, an dem die Zeit vor Jahrtausenden stehengeblieben zu sein scheint. Wenn überhaupt, dann hausen sie noch hier, die Feen, Berggeister und Wasserkobolde.

Silvester auf Kap Hoorn

Enttäuscht lassen wir das zersiedelte Ushuaia achteraus und segeln in die Fjorde der Darwin-Kordillere. Sie enden alle vor imposanten Gletscherabbrüchen. Die Sonne gleißt erbarmungslos durchs Ozonloch, im Eis knackt, rumpelt, poltert und knallt es, ständig brechen weiße Brocken herunter. Die Hänge ringsum sind übersät mit halbverkohlten Baumleichen – Brandrodung für neue Weiden. Wir finden noch eine kleine immergrüne Buche, die wir weihnachtlich geschmückt an Deck aufstellen. Am Ufer gurgelt ein Wasserfall, vom Gletscher her knallt es laut wie Salut: Feliz Navidad! Und an den Felsen hängt das Weihnachtsmenü: Prachtexemplare von Muscheln, die wir nur zu pflücken brauchen. Mit Knoblauchsoße, frischem Brot und Weißwein angerichtet, sind sie ein echt feuerländischer Gaumenschmaus.

Zu Silvester wollen wir die Chilenen in der kleinen Militärstation auf Kap Hoorn besuchen. Bei strahlender Sonne können wir die FREYDIS einige Stunden gut verankert allein lassen und setzen mit dem Dingi zur Südseite der Kap-Hoorn-Insel über. Nach dreistündigem Fußmarsch durch stachliges Gebüsch und zähen Krüppelwald genießen wir von den hohen Klippen die unglaublich klare Sicht bis zu den 60 sm entfernten Diego-Ramirez-Inseln.

Christina Calderon, eine der letzten Feuerland-Indianerinnen

Ein eisiges Bad im Gletscherwasser – kurz, aber belebend (rechts).

FREYDIS vor Gletscherkulisse in einem Fjord der Darwin-Kordillere.

Die abwechslungsreiche Fjordlandschaft lädt uns immer wieder zu Landgängen ein.

Folgende Doppelseite: Sturm vor Kap Hoorn (1). Das Steuerseil des Ruders ist gebrochen. Das Rudergehen mit der Notpinne wird anstrengend.

LEE
SAILS

9
Eiskalt erwischt

„Zulu-Papa-1 X-Ray-Echo-Delta. Eduardo, kannst du uns hören? Schlechte Neuigkeiten: Die FREYDIS ist gestrandet ...“ Der Funkspruch wird unser erster Kontakt mit der Außenwelt. Nun ist unsere Niederlage hinausposaunt.

Dieser Freitag im Mai wird ein Einschnitt in unserer persönlichen Zeitrechnung bleiben: unser schwarzer Freitag. Bis Donnerstag waren wir Weltumsegler mit dem ehrgeizigen Plan, auf einer Vulkaninsel im antarktischen Eismeer zu überwintern. Ab Samstag sind wir Schiffbrüchige.

Der Orkan hat uns auf Deception Island überrascht, als die größten Gefahren schon überwunden schienen. Bei bestem Wetter haben wir schwitzend und verrußt aus einem aufgegebenen Lager zentnerweise Kohlen für unsere Überwinterung geschaufelt und mit den Kohlenkisten im Beiboot Kurs auf unsere Heimatbucht genommen. Minutenschnell sacken die Temperaturen in antarktische Tiefen, der plötzliche Starkwind macht die Kälte bestialisch. Gischt treibt waagrecht über Kratersee und Schiff. Das wilde Klagelied des Sturms in den Ohren, jagen wir auf die leuchtend rote Ankerboje zwischen den Schaumkronen zu, unser Ziel. Dahinter wartet die Sicherheit: unser Winterquartier mit dem bullernden Ofen, vor dem die Bordkatze Adélie schnurrt.

Aber das Ankermanöver, das wir so oft auch bei schwerem Wetter glatt bewältigt haben, mißlingt. Erich hat das Tau schon mit dem Haken gefaßt, da entreißt es ihm ein Aufbäumen des Bootes. Das „Volle-Kraft-zurück“-Manöver kommt zu spät. Die Leine gerät in die Schraube und wird durchtrennt, 90 m Kette sinken samt Anker unerreichbar auf den Grund.

Der Sturm steigert sich zu einem Orkan, der zwei Tage lang toben wird. Die FREYDIS knallt auf den Sand, schüttelt sich, schrammt über Steine. Wie Rammböcke krachen die Brecher gegen die Bordwand, heben unser 25 t schweres Schiff hoch und lassen es ruckartig auf den Grund fallen – immer wieder. Eisiges Wasser bricht ein, entsetzt müssen wir mitansehen, wie es gurgelnd von unserem Zuhause Besitz ergreift. Wir versuchen, Lecks abzudichten.

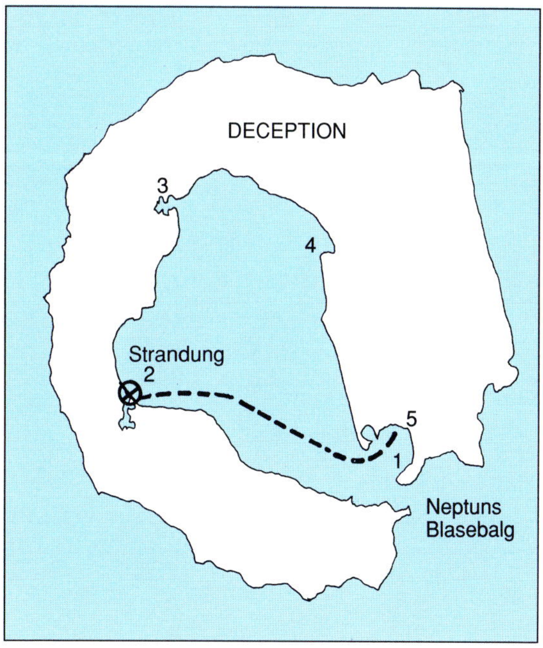

Liegeplätze der FREYDIS bei ihrem ersten Besuch:

1. Walfängerbucht
2. Fumarolbucht
3. Telephonbucht
4. Pendulum Cove
--- Hin- und Rückweg vor der Strandung
5. Kohlenlager in der britischen Station
■ Einsetzen des Orkans vor der Strandung

Nach der Passage über die Drakestraße segeln wir unter Spinnaker an den Eiswänden der Antarktischen Halbinsel entlang (gegenüberliegende Seite).

Wir pumpen, bis wir schweißnaß sind. Aber vor dieser Sintflut müssen wir kapitulieren. In der Messe beginnen die Polster aufzuschwimmen, Proviant, Kleidung, Bodenbretter, das abgerissene Echolot - alles schwappt wie ein großer Eintopf an uns vorbei. Als die Dunkelheit hereinbricht, wird der Alptraum perfekt. 15 Stunden lang wagen wir uns nicht von Bord. Mit klammen Fingern ziehen wir mehrere Schichten noch trockener Kleider übereinander und kriechen in die Schlafsäcke auf den oberen Kojen. Aber an Schlaf ist nicht zu denken. Um Mitternacht hören wir einen dumpfen Schlag an Deck: der Windgenerator ist durch die fortwährenden Stöße von oben gekommen. Aber der Mast steht noch. Das Wasser überflutet inzwischen Pantry und Backbordkojen und hat bereits das Navigationsschapp mit unseren „Heiligtümern" erreicht: Seekarten, Sextanten, Ferngläser, Ersatzteile.

Es geht um Minuten

Um sieben Uhr morgens, als das Wasser bis zu den oberen Kojen gestiegen ist, entscheidet Erich: „Wir müssen von Bord, wenn wir nicht ertrinken oder erfrieren wollen." Mich packt panische Angst, aber uns bleibt keine Wahl. Durch eine groteske Tropfsteinhöhle aus Eis - den Niedergang - kriechen wir ins Freie. Noch brennt die Salingsleuchte und beleuchtet gespenstisch die armdicken Eiszapfen, die vom Deckshaus hängen; das Heck ist unter einem Eiswall begraben.

Knapp 30 m trennen uns vom Ufer, dazwischen liegt die tobende Hölle der Brandung. Erich springt zuerst. Nur wenige, aber entsetzliche Sekunden, nachdem er im tosenden Eisbrei verschwunden ist, höre ich ihn rufen: „Ich kann stehen - komm!" Da lasse ich mich fallen und strample um mein Leben durch die eiskalten Brecher. Bei diesen Temperaturen erstarrt der Körper in wenigen Minuten ... Endlich spüre ich Grund und einen Ruck an der Leine, die uns verbindet. Wir wühlen uns durch einen Schneeberg in die Station, finden den Türgriff - und sind gerettet.

Die FREYDIS, die uns 140000 sm über alle Ozeane der Welt getragen hat, ist nur mehr ein vereister Klumpen. Sollen wir sie aufgeben, uns von einem Hubschrauber abbergen lassen? Das wäre, als würden wir ein Stück von uns selbst aufgeben. Wir haben die gefürchtete Drakestraße überquert, haben bei einer Segeltour zu den internationalen Stationen auf den Südshetland-Inseln Freundschaftsbande geknüpft: mit Chilenen, Chinesen, Russen, Argentiniern, Brasilianern. Sie waren beeindruckt von unseren Überwinterungsplänen, sagten uns Unterstützung zu. Soll das alles vergeblich gewesen sein?

Unser „Winterpalast" in der aufgegebenen argentinischen Station ist schon fertig eingerichtet, nur die letzte Fracht Kohlen hat noch gefehlt. Wochenlang haben wir geschuftet, um alles zum Überleben Notwendige aus dem Schiff in die sturmsichere Baracke zu schaffen. Wir können heizen und Wasser aus einem 20 m tiefen Brunnen schöpfen, der nicht einfriert; wir haben Proviant, Bücher und Musikkassetten für viele Monate, Generatorstrom für Lampen und Funkgerät, Gas für den Herd. Und wir sind fasziniert von dieser malerischen Insel zwischen Feuer und Eis.

Nein, wir werden nicht aufgeben. Wir werden auf Deception überwintern und versuchen, unser Schiff zu retten.

Im Cockpit nach der Strandung: Im Vordergrund unter einer Eisschicht der traurige Rest der am Vortag gebunkerten Kohle. Das Schiff scheint verloren. Drinnen und draußen liegt alles unter Wasser und Eis (rechte Seite).

10
Die Überwinterung

Das Schlimmste nach der Strandung sind die Nächte. Ein, zwei Stunden Schlaf, dann ruheloses Herumwälzen, Grübeln. Wir nehmen Schlaftabletten, um für die Anstrengungen des nächsten Tages fit zu sein.
Über das inzwischen festgefrorene Eis haben wir Zugang zum Wrack, das wie ein riesiger Gefrierschrank in Schieflage aussieht. Wir hacken Eis und schöpfen Wasser, bergen Lebensmittel und Ausrüstung in Form dieselverschmierter, salziger Eispakete. Ein Freund von der chilenischen Station bringt uns per Hubschrauber eine Lenzpumpe. Der Leiter der russischen Basis läßt uns eine chinesische Motorpumpe einfliegen. Und die Leute aus Uruguay leihen uns ihren Techniker - eine unschätzbare Hilfe.
In nur drei Tagen gelingt es uns mit seiner Unterstützung, das Schiff leerzupumpen und abzudichten. Die Rettungsaktion wird ein Wettlauf mit der Zeit, denn Tag für Tag frißt sich das Salz weiter durch elektrische Kontakte, Kugellager, Wicklungen und Zylinderköpfe. Alles von Bord Gerettete wird auf der

Nach der Strandung ist die Freydis sieben Monate im Eis eingeschlossen. Zahllose Blizzards brausen über sie hinweg. Irgendwann geben wir es auf, den Eingang zum Schiff immer wieder freizuschaufeln. Zuvor aber dichten wir die Lecks, lenzen das eingedrungene Wasser, hacken das Eis soweit wie möglich heraus und schaffen einen Großteil der Ausrüstung in unsere Nothütte, um sie dort den Winter über zu reparieren (siehe vorhergehende Doppelseite, gegenüberliegende Seite und links).

In der Nothütte richten wir uns für den Winter gemütlich ein. Wir haben genug Proviant und einen Kohleofen samt Abzugsrohren mitgebracht.

Die Hauptmaschine der FREYDIS ist unter Eis begraben (rechts).

Station erst einmal in aufgeheiztem Süßwasser gebadet: Kleidung, Schuhe, Schlafsäcke, Schreibmaschine, Funkgerät, Batterien, Schweiß- und Ladegeräte, Hilfsdiesel, die Lichtmaschinen ... Vieles hätten wir gleich wegwerfen können. Aber am sechsten Tag nach der Strandung höre ich Erich zum ersten Mal wieder lachen. Es ist wie eine Erlösung. Wir sehen uns an und lachen beide: über die Ironie des Schicksals, das uns hier, wo wir fern vom nervenzerschleißenden Streß der Zivilisation überwintern wollten, mehr Sorgen und Arbeit beschert als je zuvor. Vier Wochen lang schuften wir wie die Sklaven, dann wird unsere Mühe belohnt. Unsere wichtigste Habe ist gerettet und die Hauptmaschine der FREYDIS zum Leben erweckt!

Vorhergehende Doppelseite: Schon bald nach der Strandung ist der Kratersee auf Deception Island vollständig zugefroren und gleicht einer Mondlandschaft.

Nach jedem Blizzard die gleiche Prozedur: um nach draußen zu kommen, müssen wir den Schnee erst hinein und dann hinaus schaufeln. Der Tunnel ins Freie ist am Ende acht Meter lang (rechte Seite).

Die vereiste FREYDIS. Im Hintergrund die im Winter sonst unbewohnte Schutzhütte, unser Notquartier (vorhergehende Doppelseite)

Bei Sturm minus siebzig Grad

Am 21. Juni schiebt sich die Sonne gegen halb zwölf Uhr mittags nur mühsam über den Kraterrand; nach zweieinhalb Stunden geht sie schon wieder unter. Es ist der kürzeste Tag auf der Südhalbkugel, ab jetzt werden die Tage wieder länger. Aber diese längste Nacht ist erst der Beginn des Winters, und das werden wir noch zu spüren bekommen. Die meisten Robben, Pinguine und Seevögel, die bei unserer Ankunft Strand und Meer so zahlreich bevölkerten, sind inzwischen in den wärmeren Norden gezogen, an die Packeisgrenze, wo sie reichlich Nahrung finden. Nur vier unzertrennliche Eselspinguine, zwei gefräßige Dominikanermöwen und drei ewig bettelnde Antarktistauben sind zurückgeblieben und haben sich unserem Verein der Überwinterer angeschlossen. Bis auf einen Pinguin werden sie alle überleben.

Am 6. August messen wir mit -27 °C die kälteste Temperatur. Unter Berücksichtigung des Chillfaktors, der die Windwirkung mitberechnet, zeigt unsere Tabelle -70 °C. Fast pausenlos wüten Blizzards, wenn wir uns wie Maulwürfe durch unseren 8 m langen Schneetunnel zum Brunnen wühlen. Nur minutenweise können wir uns im Freien aufhalten, trotzdem erleidet Erich Erfrierungen. Bei Sturm herrscht

Den Holzschlitten finden wir in der Hütte. Er leistet uns den Winter über unschätzbare Dienste.

Im Frühjahr bricht das Meereis um Deception langsam auf. Die zuvor festgefrorenen Eisberge beginnen wieder, mit Wind und Strom zu driften.

Geburt einer Weddellrobbe (unten).

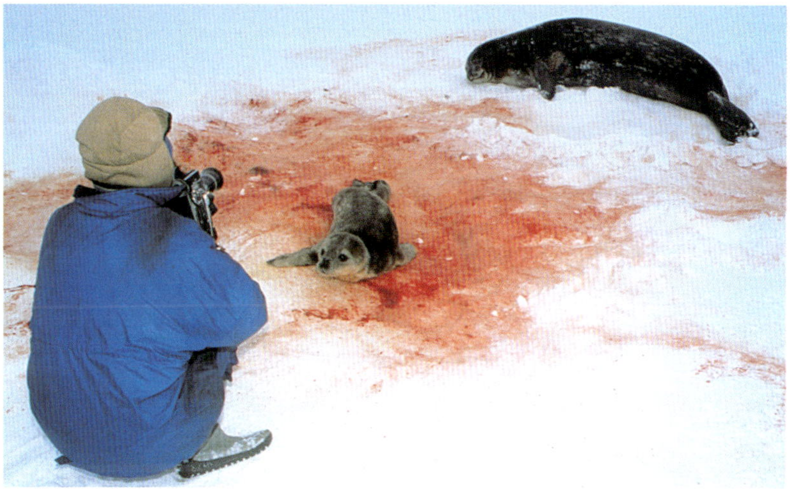

draußen das Chaos. Die Station bebt in allen Fugen, Schnee und Eisstücke knallen an die Fenster. Aus dem Ofen schlagen Flammen und Rauch in den Salon zurück, und das unheimliche Brausen, Rollen und Rumpeln der Hammerböen klingt, als ob direkt am Haus Güterzüge vorbeidonnerten. Uns erinnern diese Stürme stets von neuem an die Nacht unserer Strandung. Wir fühlen uns von ihnen massiv bedroht.

Aber irgendwann kommt der Frühling doch. Die Tiere kehren zurück. An einem Morgen Ende September herrscht Windstille, der Himmel ist gleichmäßig himbeerrosa gefärbt. Auch Eis und Schnee leuchten rosa, die Sicht ist glasklar. Nicht weit von unserer Station liegt eine Robbe mit einem winzigen dunklen Bündel neben sich: ihr Junges. Die Stimmung im Eruptionskrater ist wunderbar friedlich. Ein paar Wolken schieben sich müde über die Bergkämme, hoch am Himmel steht ein gleißender Vollmond. Plötzlich sind wir unendlich glücklich und wieder versöhnt mit der Natur.

Mutter und Kind

Vorhergehende Doppelseite: Unter Palmen am Meer.

Baden am vulkanbeheizten Strand von Deception: von unten fast gekocht, von oben eisgekühlt.

Kuscheltier Adélie überwintert mit uns.

Das Brunnenhäuschen. Die an der Leiter befestigte Antenne ist unerläßlich für unseren Funkkontakt mit der Außenwelt.

Wir sammeln Planktonproben, auch wenn der Weg zum Wasser oft beschwerlich ist (oben).

Pinguininterview: Was denken Sie über den Ausgang der nächsten Wahl?

11
Die Rettung

Am 24. November ist es genau sechs Monate her, seit wir hier gestrandet sind. Wie immer, wenn das Wetter es erlaubt, arbeiten wir am Schiff. Erich hat ein drei Meter tiefes Loch in den Schnee- und Eiswall gehackt, um die Lecks von außen abzudichten. Wir haben die eingeschlagenen Fenster erneuert und den Schwenkkiel, dessen Kasten bis obenhin voll Eis war, wieder gängig gemacht. Und heute erwartet uns eine große Überraschung: Zwischen der FREYDIS und dem sie umgebenden Eis hat sich ein Spalt gebildet, in dem Wasser steht. In dieser Badewanne schwimmt die FREYDIS - sie schwimmt! Unsere totgeglaubte Wikingerin ist wieder auferstanden!

Zuerst die Maschine ... Vor fünf Monaten ist sie zum letzten Mal gelaufen. Ob sie anspringt? Nein, der Anlassermotor streikt, hat sich mit Salz festgefressen. Also müssen wir das schwere Ding ausbauen, in die Station schleppen und auseinandernehmen. Danach funktioniert der Anlasser halbwegs. Nun noch eine zweite Batterie und eine Infusion aus heißem Öl, und auch die Hauptmaschine läuft wieder. Wir hacken, klopfen, schaufeln, als ging es um unser Leben, befreien Ruder, Welle und Propeller aus dem Eis. Dann ebnen wir die Aschenwanne ein, die sich das Schiff in der Strandungsnacht gegraben hat. Auf einer 100 m entfernten Scholle bringen wir unseren zweiten Anker mit 30 m Kette aus und legen die Leine an Bord auf eine der großen Winschen. So können wir, als das Wasser wieder steigt, die FREYDIS aus ihrem Loch auf flaches Wasser ziehen. Jetzt brauchen wir nur noch einmal Springhochwasser - oder einen Schlepper. Ein Glückstag!

Einer der seltenen und riskanten Besuche des chilenischen Kommandanten während unserer Überwinterung (gegenüberliegende Seite).

Erich hackt sich durch drei Meter Eis, um die Lecks abzudichten.

Ein halbes Jahr nach unserer Strandung: Hurra, die Maschine läuft wieder!

Tagelang schaffen wir Stück für Stück unserer geretteten Habe von der Station an Bord. Langsam wird es dort wieder wohnlich. Selbst GPS und Kurzwellengerät funktionieren an ihrem alten Platz. Nun versperrt uns nur noch das Eis auf dem Kratersee den Weg in die Freiheit.

Ein Horrortrip

Am 12. Dezember trifft endlich die LAUTARO ein, ein Versorgungsschiff der chilenischen Armada. Sie wühlt sich durch den Eisschrott am Kratereingang, durchschneidet das Packeisfeld und nimmt uns in Schlepp. Untergepflügte Schollen und kleine Eisberge hüpfen wie Korken hinter ihr aus dem Wasser. Leider sind sie aber nicht aus Kork, sondern knallen und poltern beängstigend gegen unsere Bordwand. Einige Male fährt sich die LAUTARO

Ein glücklicher Moment: Wir haben es geschafft, die FREYDIS aus ihrer Strandungsgruft zu befreien.

Das Eis im Kratersee will nicht weichen. Aber der chilenische Versorger bahnt uns einen Weg nach draußen (gegenüberliegende Seite).

fest, nimmt erneut Anlauf, rammt sich wieder frei. Dabei bleibt die FREYDIS an ihrer Leine nicht immer gerade hinter ihr, sondern dreht sich, schert aus, wird gegen Eismauern geschleudert, an scharfen Eiskanten entlanggezogen. Aber irgendwann ist auch diese Marter überstanden, und wir verlassen unseren geliebt-gehaßten Kratersee mit Erleichterung, aber auch voll Wehmut und Dankbarkeit.

Draußen erwartet uns Sturm. Die Seen rollen genau von vorne an, brechen über die FREYDIS hinweg, die erbarmungslos vorwärtsgerissen wird und dabei stark unterschneidet. Durch einen offenen Poller stürzen Wassermassen ins Vorschiff und ergießen sich in alle Bilgen, so daß die Bodenbretter bald wieder aufschwimmen. Wir sind verzweifelt. Durch diese aufgewühlte See geschleppt zu werden, kommt einer zweiten Strandung gleich. Aber haben wir eine andere Wahl? Unsere Maschine wäre einer Fahrt aus eigener Kraft noch nicht gewachsen.

14 Stunden dauert der Horrortrip, dann erreichen wir total unterkühlt, physisch und psychisch am Ende und mit viel Wasser im Schiff morgens um drei die Insel Greenwich. Unter eigenem Motor laufen wir in die kleine Lagune von Prat, um unsere Wunden zu lecken. Die freundlichen Chilenen dort sind uns dabei eine große Hilfe. Herrlich, auf ihrer Station ausruhen zu können, keine Angst mehr haben zu müssen.

Wir brauchen die Atempause dringend, denn wir leiden unter Rückenschmerzen, Magenschmerzen, Muskel- und Gelenkschmerzen – uns beide schmerzt eigentlich alles. Trotzdem bewältigen wir mit chilenischen Technikern und einem eingeflogenen Freund aus Deutschland schließlich das Chaos an Bord. Aber der Startermotor bleibt unser Sorgenkind, wir müssen die Hauptmaschine während der gesamten Überquerung der Drakestraße mitlaufen lassen, damit sie im Notfall einsatzbereit ist.

Alle Stationen auf den Südshetlands wünschen uns Glück für die Passage mit dem angeschlagenen Schiff, begleiten uns über den Äther. Soviel Fürsorge beruhigt, zumal leichter Westwind angesagt ist und weit und breit kein extremes Tief in Sicht. Unser zweites Weihnachtsfest im Südpolarmeer fällt bescheiden aus, das Liedersingen überlassen wir diesmal dem Wind und der See. Nur ein kleiner Plastiktannenbaum, festgeklemmt auf dem Kajüttisch, und ein Windlicht verbreiten ein bißchen Feststimmung.

Auf der chilenischen Station Pratt: Wir sind am Ende unserer Kräfte, aber noch wartet die Drakepassage. Ein Glück, daß unser Freund Heiner aus Deutschland kommt. Er bringt Hoffnung und frischen Mut mit.

Glückliche Rückkehr: Noch nie war Kap Hoorn so schön.

Zum Schluß zeigt uns die Drakestraße doch noch ihre Klauen und Zähne: Böen von 8 Bft attackieren uns frontal. Mit gerefften, dichtgeholten Segeln bolzen wir durch die 4 bis 5 m hohen Wellen, die sich auf dem flachen Schelf vor Kap Hoorn aufsteilen und brechen. Ruhiger wird es erst im Schutz der Hermiteninseln. Plötzlich zucken wir zusammen: War das eben Wetterleuchten? Seltsam ... Hier soll es doch keine Gewitter geben! In Sekundenschnelle schließt uns eine Hagelfront ein, die Sicht geht auf null, Echolot und Radar streiken unter dem Bombardement der Eiskugeln. Eine irrsinnige Blindfahrt zwischen den Inseln beginnt, eine erneute Strandung droht. Bloß nicht alles noch einmal! Doch ebenso unvermittelt geht der Spuk vorbei, die Geräte zeigen wieder an. Feuerland hat uns eine letzte harte Lektion erteilt, aber jetzt nimmt es uns gnädig in die Arme.

Epilog und Ausblick

Ein ganzes Jahr lang bleibt die FREYDIS in Puerto Williams am Beaglekanal liegen, denn alles, aber auch wirklich alles muß durchgeprüft, ausgebessert oder erneuert werden. Sie war ja nicht nur sechs Monate lang im Eis eingeschlossen und beschädigt worden, sondern - weit schlimmer - durch die Strandung voll Salzwasser gelaufen; und Salz frißt überall weiter. Spezialisten der Armada schweißen unseren geplatzten Süßwassertank, helfen uns bei der Reparatur und Neuinstallation von Elektrik und Elektronik, überholen Lichtmaschinen und andere Aggregate und tischlern sogar die Einrichtung zum Teil neu - alles zu einem fairen Preis. Unsere Hauptstütze allerdings sind die Feuerlandindianer, vor allem die drei Brüder Calderón. Sie gehören zu den letzten „echten" Yamanas, die fast alle nur mangelhaft sozial integriert sind und wegen des Verlusts ihrer ethnischen Identität ein Alkoholproblem haben - wie auch die Inuit im Norden. Aber während der Arbeit kann ihnen der Schnaps nichts anhaben, denn wir werkeln, kochen und essen gemeinsam, bis uns der Winter eine Pause aufzwingt.

Sowie das Thermometer wieder über 10 °C klettert, schleifen, spachteln und streichen wir, bis die FREYDIS innen und außen präsentabel aussieht. Wir zerlegen, reinigen und fetten unsere elf Winschen, waschen die sechzehn Segel und trocknen sie. Schließlich können wir mit einem schmucken, hochseetüchtigen Schiff und neuen Mitseglern wieder starten. Wir besuchen die älteste Farm Feuerlands und die Goldgräberinsel Lennox, pirschen uns durch die Wollastongruppe noch einmal an Kap Hoorn heran, das uns mit einer Fata morgana überrascht: die Luftspiegelungen täuschen Häuser und Schiffe vor, die langsam über die See schweben - phantastisch!

Hagel, Schnee und Regen, aber auch wunderschöne Regenbögen begleiten uns durch die Le-Maire-Straße zur Staateninsel, deren Buchten wir erkunden. Dabei entdecken wir einen alten Friedhof mit rostigen Metallkreuzen: die letzte Ruhestätte vieler Schiffbrüchiger und mancher Sträflinge, die von den Argentiniern auf diese unwirtliche Insel verbannt wurden. Heute leben hier nur noch vier Soldaten in einer kleinen Station.

Am Steuer unser Freund Albert, im Hintergrund Kap Hoorn. Wenn wir dieses Kap in ein paar Jahren wiedersehen, wird sich der Kreis unserer Reise um die Antarktis schließen (links).

Wieder unterwegs: Die Welt ist noch weit für unsere wieder auferstandene Wikingerin, und viele neue Sternstunden warten (oben).

Am nächsten Morgen verlassen wir dieses abgeschiedene Eiland. Durch die nebelschwangere Luft über der See zwängen sich ein paar Sonnenstrahlen, während Albatrosse, Sturmvögel und Kaptauben um die FREYDIS schweben. Um 23.00 Uhr haben wir Beauchêne, die unbewohnte, entlegenste der Falklandinseln, auf dem Radarschirm, nur noch 11 sm entfernt. Der Mond ist rund und voll, wie Mondsüchtige segeln wir ihm entgegen. Zwischen ihm und uns scheint nur die Insel zu liegen, die sich als dunkle Silhouette wie eine Festung ausnimmt. Unvergeßliche Bilder ziehen an uns vorüber, als wir sie langsam umrunden. Wir erkennen die terrassenförmig ansteigenden Felshänge, dicht belagert von einer Unzahl Vögel, deren weißes Gefieder den Schein des

Albatros-Großstadt auf Beauchêne. Wohin man schaut, nisten Mollymauks, diese Vogelriesen mit Flügelspannweiten von über zwei Metern.

Mondes reflektiert. Ihr lautes, das Brandungsrauschen übertönende Schreien, Krächzen und Stöhnen erinnert an menschliche Stimmen. Sind es Albatrosse, von denen die Seeleute früherer Zeiten glaubten, daß sie die Seelen ertrunkener Kameraden verkörpern?
Als der Morgen dämmert, geben sie sich zu erkennen. Wie wir später erfahren, brüten

Mollymauks beim Schmusen

„Jonny Rook“, ein seltener weißgestreifter Falke auf Beauchêne, der sich von Natur aus ungewöhnlich zahm und geradezu drollig neugierig verhält.

nicht weniger als 1,5 Millionen Schwarzbrauenalbatrosse, auch Mollymauks genannt, und 2 Millionen Felsenpinguine auf diesem Krümel Erde.
Mit dem Dingi landen wir in einem kleinen Felseinschnitt, der allerdings schon von einer Elefantenrobben-Großfamilie belegt ist. Ihre Kinder, die im Kelp spielen, sperren Maul und Nase auf über den fremdartigen Besuch. Wohin man schaut, Mollymauks, Vogelriesen mit Flügelspannweiten von 2,30 m und einem Augen-Make-up, das ihnen ein edles, ruhiges und ernsthaftes Aussehen verleiht. Dicht an dicht, in Reih' und Glied, hocken sie auf runden Sockeln aus Erde und Pflanzenresten, geduldig ihr Ei ausbrütend. Auf vielen Nestern

thronen bereits Jungvögel, weiße Daunenknäuel mit den kräftigen Schnäbeln der Ausgewachsenen. Auch die Felsenpinguine mit ihren lustigen, goldgelben Federbüscheln über den roten Augen haben schon flaumenweichen Nachwuchs.

Ihres schweren Körpers wegen nisten Albatrosse nur auf Inseln, die gute Plätze zum Abfliegen bieten. Deshalb hat diese „Großstadt“ natürlich auch eine Rollbahn, eine von Nestern freigehaltene, breite Flugschneise. Ein gefährliches Terrain, in dem sich kein kluger Vogel länger als unbedingt notwendig aufhält. Nicht selten kommt es trotzdem zu Bruchlandungen und Karambolagen. Immer wieder sehen wir Albatrosse mit gebrochenen Flügeln, sich dahinschleppende Trauerfiguren, fast immer von einem rührend besorgten Partner begleitet.

Nach 25 sm unter Blister erreichen wir als erste bewohnte Falklandinsel Sea Lions Island. Aber nicht Seelöwen, sondern fünf Killerwale beobachten wir bei ihrer Jagd in einer Bucht: Die Orcas treiben, mit unglaublichem Tempo durchs Wasser preschend, die Pinguine zusammen, und dann beginnt das große Fressen. Obwohl wir sonst blutige Jagdszenen hassen, sind wir fasziniert: Diese fein abgestimmte Zusammenarbeit läßt auf hohe Intelligenz und ein vorzügliches Kommunikationssystem schließen.

Wir beobachten Wale im Eismeer, dicht bei den Südsandwich-Inseln.

Männlicher Killerwal mit steiler Rückenfinne

Heide und Mikel begutachten den von ihm präparierten Kopf eines gestrandeten Killerwals in Port Stanley.

Ungewöhnliche Strandbekanntschaft

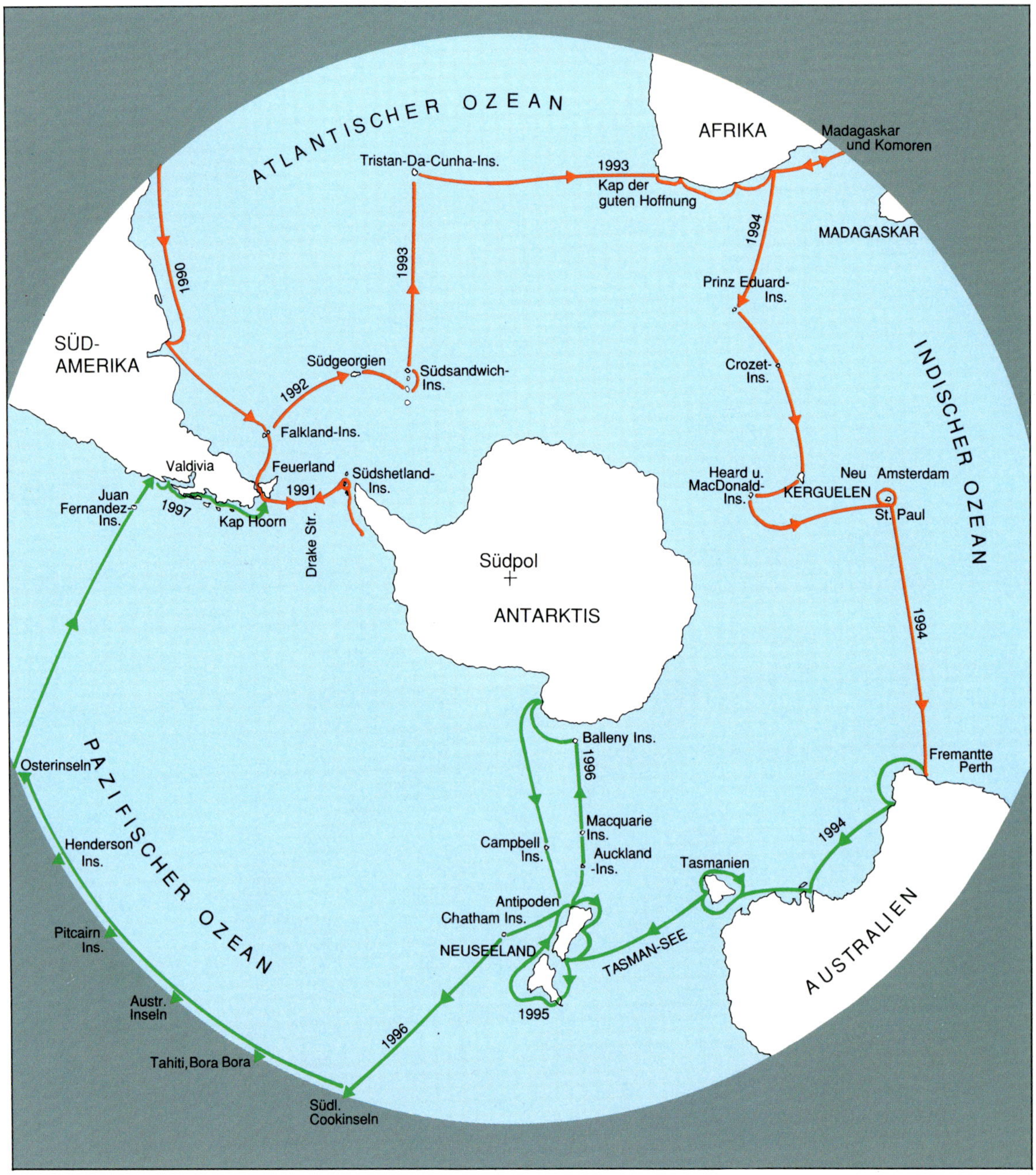

Schließlich aber nehmen wir endgültig Abschied von den Falklandinseln und brechen auf zu neuen Ufern. Sind wir bisher überwiegend in Nord-Süd-Richtung gesegelt, so wollen wir nun die Erde umrunden - auf einer ungewöhnlichen Route. Unser Ziel ist es, die Antarktis zu umsegeln und dabei die an ihrem Rand liegenden Inseln anzulaufen: zunächst das ehemalige Walfängerdorado Südgeorgien und die im Eismeer dampfenden Vulkane der Südsandwich-Inseln. Über sie gibt es nur wenige Informationen, aber gerade das regt unsere Neugier an, beflügelt unsere Phantasie: Diese südlichen Eilande kommen uns vor wie gewaltige Diamanten, geheimnisvoll, schwer zu finden, ursprünglich, rein und feurig.

Danach aber wird es die FREYDIS mit dem Kap der Guten Hoffnung aufnehmen und in Südafrika Station machen, ehe sie den Bug wieder ins blaue Wasser des Indischen Ozeans steckt. Denn die Welt ist noch weit für unsere wieder auferstandene Wikingerin, und viele neue Sternstunden warten.

Immer angemessen gekleidet im Pinguinklub und im Papageienland.